"TENHO OS OLHOS EM CINTILAS"

"TENHO OS OLHOS EM CINTILAS"

Henriqueta Lisboa pela crítica contemporânea

Agnes Rissardo
Organizadora

Coleção Crítica Contemporânea
Andréa Sirihal Werkena & Rafael Fava Belúzio
(Coordenadores)

alameda

CRÍTICA CONTEMPORÂNEA

Grafia atualizada segundo o Acordo Ortográfico da Língua Portuguesa de 1990, que entrou em vigor no Brasil em 2009.

Edição: Haroldo Ceravolo Sereza & Joana Monteleone
Projeto gráfico, diagramação e capa: Ana Júlia Ribeiro/Betânia Santos
Assistente acadêmica: Tamara Santos
Revisão: Joana Monteleone
Imagem da capa: AEM - Acervo de Escritores Mineiros da UFMG.

Este livro faz parte da coleção Crítica Contemporânea.

CIP-BRASIL. CATALOGAÇÃO NA PUBLICAÇÃO
SINDICATO NACIONAL DOS EDITORES DE LIVROS, RJ

T282

Tenho os olhos em cintilas : Henriqueta Lisboa e a crítica contemporânea / organização Agnes Rissardo ; coordenação Andréa Sirihal Werkena, Rafael Fava Belúzio. - 1. ed. -São Paulo : Alameda, 2024.
248 p. ; 21 cm. (Crítica contemporânea)

Inclui bibliografia
ISBN 978-65-5966-289-0

1. Lisboa, Henriqueta, 1901-1985 - Crítica e interpretação. 2. Literatura brasileira - História e crítica. I. Rissardo, Agnes. II. Werkena, Andréa Sirihal. III. Belúzio, Rafael Fava. IV. Série.

24-92681 CDD: 809
CDU: 82.09(81)

Gabriela Faray Ferreira Lopes - Bibliotecária - CRB-7/6643

ALAMEDA CASA EDITORIAL
Rua Treze de Maio, 353 – Bela Vista
CEP: 01327-000 – São Paulo – SP
Tel.: (11) 3012-2403
www.alamedaeditorial.com.br

Sumário

Sobre a Coleção Crítica Contemporânea

A produção crítica voltada para a Literatura Brasileira é, historicamente, formada por uma tradição que reúne antologias, conferências, textos de jornais, artigos, ensaios, correspondências, obras especializadas, dissertações, teses e ganha cada vez mais com tal diversidade de contribuições. No momento contemporâneo (sempre móvel, inapreensível), muito em decorrência de importantes reformas e expansões universitárias, o volume de estudos sobre escritoras e escritores brasileiros é bastante largo, o que por vezes exige certa garimpagem crítica; ao mesmo tempo, há um expressivo conjunto de autoras e autores, de significativa qualidade estética, a receber menor atenção, por diferentes motivos. Assim, voltada ao estudo da Literatura Brasileira, a *Coleção Crítica Contemporânea* quer pensar nomes fundamentais para o nosso cânone a partir do olhar de importantes pesquisadores atuais. Cada volume é organizado por um estudioso do autor em debate e apresenta um conjunto de textos críticos de maneira a expandir as discussões e a repensar os legados. Desse modo, a *Alameda Editorial* sinaliza mais uma vez o seu compromisso com a reflexão crítica e com o pensamento brasileiro.

Andréa Sirihal Werkema
Rafael Fava Belúzio

Apresentação

Henriqueta Lisboa (1901-1985) pertence a uma geração de escritoras reveladas na década de 1930 no Brasil. Assim como suas contemporâneas, conheceu a glória por ter desbravado um lugar antes pouco acessível à mulher – o de poeta consagrada, crítica literária e intelectual eleita para a Academia Mineira de Letras –, mas não escaparia de sofrer com críticas e um velado preconceito de gênero. Em carta endereçada a Mário de Andrade, em 6 de agosto de 1940, ela empreende uma reflexão sobre a condição da mulher como artista, destacando os entraves que a impediam de se sentir uma "verdadeira intelectual". A escritora confessa não ser suficientemente rebelde ("para isso teria que superar muita coisa, sacrificar muita coisa"), nem bastante simples para viver a vida burguesamente como as outras mulheres; por outro lado, também não seria bastante generosa para renunciar à própria personalidade, nem egoísta bastante para pensar unicamente em si. Evidenciava, assim, os dilemas vivenciados por uma mulher no meio intelectual e artístico de então, sobretudo no mundo das letras.

No Brasil dos anos 1930, a atuação de escritoras brasileiras – de teor criativo e crítico – em periódicos e/ou livros já ultrapassava o período de efervescência e se encontrava em vias de alcançar uma consolidação. Rachel de Queiroz, Patrícia Galvão (a Pagu), Lygia Fagundes Telles, Lucia Miguel Pereira e Cecília Meireles são exemplos de mulheres que despontaram entre público e crítica no país a partir daquela década. Isso não significa, entretanto, que elas não tenham enfrentado, como suas antecessoras, barreiras e discriminação de gênero ao longo de suas trajetórias nas letras. Em um meio de predominância tradicionalmente masculina, muito mais do que provar o talento literário, precisaram insistir, resistir, recorrer ao auxílio de escritores consagrados, contar com a boa-vontade de editoras e a benevolência da crítica para se firmarem no sistema literário brasileiro.

Embora tenha lançado seu primeiro livro, *Fogo fátuo* – renegado posteriormente por ela –, em 1925, é com *Enternecimento*, de 1929, que Henriqueta Lisboa debutaria de fato nos meios literários do país. Nascida em Lambari, cidade do sul de Minas Gerais, é na década de 1920, ao mudar-se para o Rio de Janeiro com a família, acompanhando o pai, João de Almeida Lisboa, em seu mandato de deputado federal na então capital do país, que ela começa a construir uma rede de amizades literárias. Henriqueta nutrirá essas relações ao longo de toda a vida, muitas delas por meio de correspondências, laços que serão cruciais para o seu reconhecimento como poeta no Brasil. Em 1935, após retornar a Minas Gerais e fixar residência em Belo Horizonte, ela passaria a atuar como professora de Literatura Hispano-Americana e de Literatura Brasileira da Faculdade de Filosofia, Ciências e Letras Santa Maria, atualmente PUC-Minas, consagrando dessa forma a sua vida pessoal e profissional à literatura.

Poeta da segunda geração modernista, Henriqueta manteve-se firme na defesa de seus poemas de feição neossimbolista (*Enternecimento*, 1929; *Velário*, 1936; *Prisioneira da noite*, 1941), mesmo quando questionada pelo amigo Mário de Andrade; respondeu à alcunha de "poeta da morte" – recebida após *A face lívida* (1945) e *Flor da morte* (1949) – com a própria poesia publicada nos livros subsequentes, em que concede menor ênfase ao tema e explora motivos tão diversos quanto as figuras históricas, lendas e montanhas de Minas Gerais (*Madrinha lua*, 1952, *Montanha viva – Caraça*, 1959) ou jogos de palavras e imagens (*Reverberações*, 1975); defendeu-se das críticas à obra *O menino poeta* (1943), considerado por certos críticos como um livro incompreensível para as crianças; bancou a publicação de alguns de seus livros (*Azul profundo*, 1956, por exemplo), com o salário de professora do magistério superior e no Ministério da Educação e Cultura; e teve que conviver com a recorrente assimilação de sua poesia com os atributos tidos como "femininos", de fragilidade, doçura e delicadeza, frequentemente associados às mulheres poetas de sua geração.

Por outro lado, foi também a poeta distinguida com o prêmio Olavo Bilac de Poesia da Academia Brasileira de Letras, por *Enternecimento* (1929); ingressou no Instituto Histórico e Geográfico de Minas Gerais, em 1958; e foi a primeira mulher eleita para a Academia Mineira de Letras, em 1963.

A poesia era considerada por Henriqueta Lisboa uma vocação, sua verdadeira "profissão de fé". Todavia, para se pensar o legado da escritora é necessário, antes de tudo, refletir sobre a sua obra como um todo, a partir de sua trajetória não apenas como poeta, mas também como ensaísta, tradutora, missivista e professora. Sua vasta produção poética, presente em 16 livros, entre *Enternecimento* (1929) e *Pousada do ser* (1982), conhece, desde os primórdios, uma fortuna crítica invejável, que inclui Carlos Drummond de Andrade, Gabriela Mistral, Fábio Lucas, Ângela Vaz Leão, Blanca Lobo Filho, Darcy Damasceno, Pe. Lauro Palú, Constância Lima Duarte e Sérgio Buarque de Holanda, entre tantos outros. No entanto, Henriqueta colaborou, durante o mesmo intervalo de tempo, com inúmeros periódicos do Rio de Janeiro, Minas Gerais e São Paulo; publicou quatro livros de ensaios teórico-críticos, *Alphonsus de Guimaraens* (1945), *Convívio poético* (1955), *Vigília poética* (1968) e *Vivência poética* (1979), em que exerce aguda reflexão sobre o fazer poético e examina a obra de diversos(as) autores(as) brasileiros(as) e estrangeiros(as); traduziu do italiano, espanhol, alemão e inglês, de maneira refinada, a poesia de autores consagrados, especialmente de Dante e Gabriela Mistral; redigiu cartas para nomes tão díspares quanto Mário de Andrade, Carlos Drummond de Andrade, Cecília Meireles, Gabriela Mistral, Guimarães Rosa e Antonio Candido, em que discute o processo de escrita, comenta os poemas de seus interlocutores, fala sobre sua participação em eventos e conferências, antecipa o que viria a publicar, entre muitos outros assuntos de interesse dos pesquisadores de sua obra.

Essas múltiplas facetas da escritora, obliteradas ou esquecidas pela crítica por décadas, vêm ganhando notoriedade nos últimos 15 anos, com a defesa de dissertações e teses em universidades de vários estados brasileiros e as publicações de coletâneas de seus textos teórico-críticos, que até então só conheciam uma primeira edição. Além disso, têm merecido cuidadosas publicações a sua poesia traduzida e a correspondência completa com Mário de Andrade e Carlos Drummond de Andrade.

É com o intuito de trazer a público esses estudos que reunimos, neste volume, o que há de mais recente na crítica sobre a extensa e multifacetada obra de Henriqueta Lisboa. Adriana Rodrigues Machado, em seu artigo, parte do adjetivo "estudioso", usado para sintetizar o romantismo praticado por Novalis, para mostrar que a escritora pesquisava exaustivamente para compor muitos dos seus poemas, e, principalmente, elaborar seus ensaios críticos. Em minha contribuição, investigo as publicações de Henriqueta na imprensa periódica brasileira, sugerindo que ela experimentava os diversos gêneros literários – entre eles, a crônica – nesses veículos de vida efêmera como forma de se aproximar do "leitor comum". Ana Lúcia Maria de Souza Neves, por seu turno, volta-se para a leitura dos ensaios teórico-críticos de Henriqueta e constata que a escritora estava sintonizada com as discussões do seu tempo sobre arte, literatura e, sobretudo, poesia. A noção de morte-linguagem nos poemas henriquetianos é retomada por Marcia de Mesquita Araújo que, em diálogo com Maurice Blanchot e Stéphane Mallarmé, propõe um entrecruzamento de ideias e reflexões acerca da supressão dos limites entre escrita e pensamento. Partindo de ensaio crítico de Henriqueta Lisboa sobre Cruz e Sousa, Marco Antonio Notaroberto da Silva estabelece similaridades e diferenças entre os dois poetas e lança luz à herança simbolista da escritora. Já Maria do Rosário Alves Pereira realiza um voo panorâmico sobre a correspondência pessoal e burocrática de Henriqueta, presente no Acervo de Escritores Mineiros, apontando seus principais interlocutores, de modo a perceber as redes intelectuais por ela constituídas ao longo do tempo. Marilda Ionta lança mão da troca epistolar entre a poeta mineira e Mário de Andrade para discutir o gênero, considerado por muitos críticos uma literatura menor, lendo as cartas da poeta como uma escritura contra-hegemônica e política. Já Túlio César Vieira Alves parte do conceito de políticas da amizade de Jacques Derrida para identificar um cenário de comunidade por vir, presente na correspondência de Henriqueta, assim como em sua obra poética e na sua produção ensaística. Finalmente, Reinaldo Marques, em entrevista concedida a mim, apresenta o arquivo pessoal de Henriqueta Lisboa no Acervo de Escritores Mineiros (AEM) da UFMG e reflete sobre a reedição da obra completa (poesia, poesia traduzida e prosa) da escritora, reunida em três volumes organizados por ele e Wander Melo Miranda em 2020 para celebrar os 120 anos da poeta mineira.

*

Gostaria de agradecer às autoras e aos autores convidados que enviaram seus artigos e contribuíram para este grande mosaico crítico da obra de Henriqueta Lisboa. Em particular, a Reinaldo Martiniano Marques, que generosamente me recebeu no Acervo de Escritores Mineiros da UFMG em julho de 2022 e me contou muitas histórias singulares sobre a escritora. Sua atenção excepcional foi decisiva para que eu mergulhasse com gosto no mundo de Henriqueta.

Muito obrigada a André de Oliveira Carvalho, diretor da editora Peirópolis e herdeiro de Henriqueta Lisboa, que gentilmente nos cedeu a imagem da poeta que estampa a capa deste livro.

Agradeço, ainda, de maneira especial, a Andréa Sirihal Werkema, coordenadora, juntamente com Rafael Fava Belúzio, desta Coleção Crítica Contemporânea, que desde o princípio de minha pesquisa sobre escritoras críticas brasileiras, em 2019, foi uma interlocutora de ideias fecundas e incentivadora dos estudos sobre a poeta mineira. Aliás, o embrião deste livro começou a se formar justamente nas aulas que ministrei ao seu lado – e, posteriormente, ao lado de Ieda Magri – em curso de pós-graduação em Literatura Brasileira do Instituto de Letras da Uerj. Ali, pudemos ler, discutir e refletir sobre a obra em prosa e verso de Henriqueta Lisboa e aventar a possibilidade (ou seria a urgência?) de trazer a lume um livro que reunisse o pensamento crítico contemporâneo sobre o legado da escritora.

Meus sinceros agradecimentos também à equipe da Alameda Editorial, sobretudo a Joana Monteleone, pela confiança depositada no trabalho de organização deste volume, e também, pela orientação e apoio ao longo do processo.

E a Henrique Estrada Rodrigues, que pela primeira vez pôs em minhas mãos as *Obras Completas* de Henriqueta, despertando-me para a grandiosidade de sua poesia.

Encerro lembrando mais uma vez Henriqueta, em carta enviada pela poeta a Mário de Andrade, em 28 de maio de 1943. Depois de ler a *Educação Estética do Homem*, de Schiller, ela confessa, extasiada: "penso loucamente na renovação do mundo pela beleza! (...) a beleza suavizaria e alentaria infinitamente essa caminhada e até pelo perigo que oferece – de liberdade – deveria ser uma das condições da dignidade humana".

Inundemos, pois, o mundo com a beleza e a liberdade oferecidas pela obra de Henriqueta Lisboa.

Agnes Rissardo

Uma poética estudiosa: quando a palavra encontra a voz

Adriana Rodrigues Machado

O título deste ensaio surgiu, inicialmente, inspirado em um texto de Rubens Rodrigues Torres Filho, "Novalis: o romantismo estudioso", escrito como introdução à obra de Novalis (1772-1801), *Pólen: fragmentos, diálogos, monólogos* – edição brasileira de 1988. Nele, o adjetivo "estudioso" sintetiza bem o romantismo praticado por Novalis, retrata a essência da *poíesis* novalisiana, daquele que afirmava que não se pode separar o poeta do pensador, a poesia da filosofia.

Dos quatro volumes que compõem a reprodução de todos os manuscritos deixados pelo poeta-filósofo, dois são constituídos pelos escritos filosóficos, totalizando quase duas mil páginas, um – o primeiro – é dedicado à obra literária integral e o último – o quarto – à correspondência e aos diários. Desse material, que foi criticamente analisado, mais de duzentas páginas receberam do autor minuciosas anotações e muitos comentários sobre a *Doutrina-da-ciência* de 1794, de Johann Gottlieb Fichte (1762-1814), considerada por Torres Filho nada menos que a obra mais difícil e complexa de toda a história da filosofia (TORRES FILHO, 1988, p. 13).

E é desse modo, digamos, com o mesmo rigor, que tomamos aqui o adjetivo "estudioso" para falar da poética henriquetiana, posto que esta se caracterize sobretudo como resultado de um processo laborioso, investigativo, de muita dedicação à pesquisa, à leitura cuidadosa, aproximando-se do campo da música; especialmente quando a poeta reflete, em um de seus textos inéditos – que veremos na sequência –, sobre o lugar da palavra e da voz, esta que habita e que dá vida à primeira, numa relação de interdependência.

A pesquisa histórica

Um caso exemplar desse caráter investigativo, ao qual recorremos inicialmente a título de ilustração, encontra-se registrado em uma agenda que pertenceu à escritora e que integra o seu arquivo, alocado no Acervo de Escritores Mineiros, na Universidade Federal de Minas Gerais. Nela, encontram-se algumas anotações que indicam que a pesquisa histórica faz parte de uma estratégia de composição adotada pela poeta, e bastante recorrente, conforme pudemos observar por meio de outras fontes documentais, tais como seus rascunhos, planos de estudo, cartas, entrevistas, depoimentos e discursos.

É importante destacar que o documento em questão, a agenda com a indicação do ano de 1981, – na qual Henriqueta acrescentou ao lado deste, com um traço, a numeração do ano seguinte, 1982 – é o que mais se aproxima da escrita de um diário, de um memorial, dentre toda a documentação analisada em seu arquivo.[1] Na antiga agenda, estão registrados alguns telefonemas realizados, impressões de leituras de variadas fontes, citações, data da feitura de poemas com seus respectivos destinos; e, inclusive, anotações quanto a proce-

1 Afora algumas folhas avulsas de uma agenda mais antiga, esta de 1943.

dimentos de ordem burocrática relativos à edição de seu último livro, *Pousada do ser* (1982).

Com uma fina caligrafia, em tinta azul, na página dedicada ao dia 25 de março de 1982, podemos ler:

> Releio alguns trechos de *Lendas Marianenses* da autoria de Waldemar de Moura Santos, os quais serão provavelmente aproveitados como sugestão no poema que pretendo dedicar a Mariana. Examino, com a mesma finalidade, os livros de Diogo de Vasconcelos – *H*^{a} (sic) *média de M.G.* e *História da Civilização Mineira*, assim como *Arquidiocese de Mariana*, do Cônego Trindade.[2]

Na sequência, em 30 de março do mesmo ano, novas indicações de leitura:

> *Triunfo Eucarístico*, publicado em Lisboa em 1734, e cujo autor é Simão Ferreira Machado, descreve a festa da trasladação do S.S. Sacramento, da Igreja do Rosário para a do Pilar, em Vila Rica, em 1933.
> *Aureo Trono Episcopal*, de autor anônimo, publicado em Lisboa em 1949 por F. Ribeiro da Silva, cônego da Sé marianense, descreve a solenidade da entrada, em Mariana, do Bispo D. Frei Manoel da Cruz, no dia 28 de novembro de 1748.
> (Notas colhidas na *Collectanea de Autores Mineiros* – organizada por Mário de Lima e publicada pela Imprensa Oficial – B. H. em 1922 – v. I).[3]

2 Cf. Pasta Produção Intelectual do Titular, Série Esboços e Notas (Agenda 1981/82), no AEM (Acervo de Escritores Mineiros) / UFMG.

3 *Ibidem*.

E, na página seguinte, em 31 de março, há o seguinte relato: "Termino o poema 'Elegia de Mariana', iniciado ontem, dependendo apenas de pequenos retoques. Tal poema deverá ser inserido em futura edição de *Madrinha lua*"[4]; este, que é considerado o primeiro dos "romanceiros" de Henriqueta Lisboa (RANGEL, 1996, p. 17). Não houve, no entanto, uma futura edição de *Madrinha lua* (1952), o poema "Elegia de Mariana" é publicado, como inédito, em 1985, naquele que seria o volume I das suas obras completas, *Poesia Geral* (1929-1983), editado postumamente.

"Elegia de Mariana" é um longo poema com estrofes heterogêneas, e traz na quinta estrofe os seguintes versos, que atestam explicitamente a pesquisa empreendida pela autora:

> (...)
> E no "Áureo Trono Episcopal"
> em sintonia de homenagem
> ao Bispo Dom Manuel da Cruz
> vencerás a imaginação
> das cores das formas dos sons.
> (...)
> (LISBOA, 1985, p. 230)

Convém sublinhar, em relação às duas últimas produções registradas pela autora em sua agenda, que Affonso Ávila (1928-2012), estudioso do barroco mineiro, referindo-se ao *Triunfo eucarístico,* assinala que a obra é "o primeiro documento impresso de interesse literário a reportar-se às manifestações de um estilo de vida barroco na sociedade mineradora do século XVIII" (ÁVILA, 1971, p. 113); e descreve o

4 *Ibidem.*

evento "como uma verdadeira 'festa barroca', muito próxima, em termos de colorido e movimentação dos quadros, do moderno carnaval carioca" (ÁVILA, 1971, p. 118). E sobre o *Aureo trono episcopal*, o estudioso vai dizer que se trata de uma reunião de dez poetas-padres de Mariana, e que até ali [1971] havia despertado o interesse mais dos historiadores do que o dos pesquisadores da literatura colonial; e, assim mesmo, sendo apenas aludido, quando o faziam, pelos historiógrafos da nossa literatura, numa espécie de registro de mera curiosidade bibliográfica (ÁVILA, 1971, p. 128).

Para compor *Madrinha lua*, Henriqueta Lisboa ainda se debruçou sobre os seguintes documentos que lhe foram enviados de Ouro Preto (MG), em 1940: "A morte de minha mãe" [sem data e autoria mencionadas], "Carta Pastoral (1897)", "Carta Pastoral (1912)", "Elogio fúnebre (Pe. Sinfronio de Castro)", "Carta Pastoral (1911)" e "Primeiro sínodo da diocese de Mariana".[5]

Madrinha lua (1952) integra o que Henriqueta chamou de seu "tríptico da mineiridade" (LISBOA, 1979, p. 20), junto com *Montanha viva: Caraça* (1959) e *Belo Horizonte bem querer* (1972); obras que, segundo Paschoal Rangel (1922-2010), estudioso da obra henriquetiana, destacam-se entre os romanceiros brasileiros (RANGEL, 1996, p. 17).

Madrinha lua (1952) aproxima-se do *Romanceiro da Inconfidência* (1953), de Cecília Meireles (1901-1964), e também de *Contemplação de Ouro Preto* (1954), de Murilo Mendes (1901-1975), distinguindo-se, entre outros aspectos,

5 Cf. Pasta: Diversos, AEM/UFMG. Ressaltamos que o período de produção de *Madrinha lua* compreende os anos de 1941-1946, e que não foi possível identificar o nome do emitente.

como a obra que inaugurou – dentre os três – a escrita dos "romances"; trata-se de um gênero poético que, nas palavras de Rangel (1996, p. 9), é poesia popular, com temas que se encontram nas histórias que o povo conta, muitas vezes reduzidos a um puro folclore, na mistura de história real com uma "mitologia" nacional, com traços lírico-épicos bem acentuados (MACHADO, 2013, p. 112).

Notemos que o termo "romance", etimologicamente, "significa 'língua popular', opondo-se à 'língua literária', que era ainda o latim nos primeiros tempos da época medieval nas civilizações dos povos ocidentais, integrantes do antigo império romano" (TAVARES, 1969, p. 236). Portanto, um gênero bem próximo da poesia de tradição oral, do cancioneiro.

Sobre o gênero poético escolhido pela poeta mineira, ou seja, sobre os "romances", há dois estudos que merecem destaque, e que se complementam de alguma forma, a saber: o artigo de Maria Luiza Ramos, "Aspectos do *Romanceiro da Inconfidência*", de Cecília Meireles, publicado em 1960, e *O romanceiro de Henriqueta Lisboa em Madrinha lua,* de Paschoal Rangel, já referido, lançado em 1996. No primeiro, a autora destaca algumas coincidências que encontrou entre o romanceiro de Cecília Meireles e o de Henriqueta Lisboa — em *Madrinha lua* —, que vão além da escolha do gênero e da temática. As imagens às quais ambas recorrem para escrever sobre Tiradentes, por exemplo, e o tratamento dado ao mesmo tema impressionam a ponto de sugerir uma ocorrência de plágio; o que não se sustenta, no entanto, em vista de uma declaração emitida pela própria Henriqueta Lisboa, que, segundo Ramos, afirma que as duas escritoras buscaram as fontes históricas, mais precisamente os depoimentos contidos nos *Autos e devassas* (RAMOS, 1960, p. 60).

Entre cartas

Dados igualmente importantes que comprovam a pesquisa realizada pela poeta de *Madrinha lua*, e do mesmo modo pela autora do *Romanceiro da Inconfidência*, estão nas cartas trocadas entre elas durante o período de produção do *Romanceiro* de Cecília. Henriqueta oferece seus livros para a amiga que demonstra um interesse cada vez maior à medida que penetra na cultura e na história mineiras. Em carta enviada do Rio de Janeiro, Cecília escreve, em 5 de setembro de 1947: "Agradeço-lhe imenso a gentileza do oferecimento dos livros. Sempre precisarei de seus favores, e sempre me encantará agradecer o que vier de suas mãos".[6]

E, no ano seguinte, em janeiro de 1948, a comprovação material do que outrora Henriqueta havia revelado em relação às coincidências apontadas por Maria Luiza Ramos no seu artigo já citado. Havia um sistema de empréstimos e de troca de informações entre as amigas, o que deixa à mostra uma faceta pouco conhecida do processo de criação de ambas as escritoras. Henriqueta, provavelmente, já havia, naquela ocasião, elaborado o seu romance "Vida, paixão e morte de Tiradentes", "um dos romances mais bonitos e trabalhados de *Madrinha lua*" (RANGEL, 1996, p. 39).

Diz Cecília:

> Agradeço-lhe muito o livro sobre Tiradentes. Há pouco li uma genealogia do mártir, e fiquei triste ao saber que nem teve madrinha de batismo. É certo que, como acontece nesses casos, recorreram a Nossa Senhora. Mas v. não sente uma angústia, ao pensar nessa crian-

6 Cf. Pasta Correspondência Pessoal do Titular, (MEIRELES, Cecília), no AEM/UFMG, datada de 5 set. 1947.

> cinha, destinada à forca, sem uma figura humana que a segurasse nos braços, sob sua proteção, desde o nascimento? Estou preparando umas "baladas" de Ouro--Preto, e esse é o tema de uma.[7]

A resposta de Henriqueta à indagação e reflexão da amiga está nos versos do seu romance *Vida, paixão e morte de Tiradentes*, e do mesmo modo encontra-se implícita no título de seu romanceiro – *Madrinha lua*:

> (...)
> Ó infante, depressa,
> as margaridas te esperam para a ciranda,
> madrinha lua te espera para as vigílias.
> (...) (LISBOA, 1985, p. 222)

Conforme aponta Branca Borges Bakaj (1989) ao referir-se ao romanceiro *Madrinha lua*, nele, a lua é a madrinha de Minas e de suas figuras histórico-culturais, como Aleijadinho, Chico Rei, Bárbara Heliodora, Fernão Dias, Dom Silvério, Tiradentes, entre outros; e constitui, segundo ela, "uma isotopia de leitura na poesia de Henriqueta" (BAKAJ, 1989, p. 61). Em muitas composições, a lua também simboliza o transcendente, o sobrenatural; e, do mesmo modo, é uma testemunha, uma presença constante, sempre associada a uma força maternal, nutridora, arquetipicamente feminina.

Certa vez perguntaram à poeta mineira: "Que quis a senhora dizer em 'A alma é um parque sob o luar'?" Ao que ela respondeu: "a alma se inspira e viceja à luz que vem do alto".[8]

---

7 Cf. *Ibidem*, 22 jan. 1948.

8 Cf. Pasta Entrevistas (Questionário [s.d.] e sem nome do interlocutor), no AEM/UFMG.

Nelly Novaes Coelho corrobora a argumentação de Bakaj quando descreve o perfil da autora de *Madrinha lua* para o seu *Dicionário crítico de escritoras brasileiras* (1711-2001), ao recorrer à simbologia tradicional do signo de nascimento da escritora, o signo de Câncer: "(...) signo símbolo da água original e que, segundo Jung, se identifica com o arquétipo maternal, princípio matricial e nutriente, que vai do útero à terra maternal: profundeza, abismo, poço, gruta, caverna, vaso, abrigo que converge para o grande refúgio da humanidade que é a Grande Mãe" (NOVAES COELHO, 2002, p. 259).

E justifica tal relação, nestes termos:

> Se tentarmos tocar os estratos mais profundos da poesia de Henriqueta Lisboa (escrita durante meio século de criação), descobriremos que faz sentido relacioná-la com o signo da autora, pois ao que parece, já na esfera astral, esta teve determinado o seu destino de poeta-mater (voltada para a sondagem das raízes da vida, interagindo com elas e tentando trazer à luz das palavras, o seu enigma). Essa pré-determinação foi algo que a poeta mineira/universal sempre admitiu nas várias entrevistas que deu, ao falar de sua vocação para a poesia (NOVAES COELHO, 2002, p. 259).

No arquivo de Henriqueta Lisboa, há um pequeno texto datiloscrito com uma referência ao livro *Madrinha lua*, em manuscrito, cujo teor ratifica as palavras de Novaes Coelho acima citadas. Ele nos dá a dimensão do trabalho ao qual a poeta se dedicou por quase toda a vida; um trabalho que se destaca sobretudo no que diz respeito à preservação da memória coletiva, da história de Minas Gerais – e, consequentemente, da história de nosso país:

> Tenho a poesia, não somente como arte verbal, mas ainda como princípio de vida, profissão de fé, conceito de uma realidade mais profunda e abrangente do que o real quotidiano. Assim é que o passado e o futuro se unem ao presente para a configuração de um patrimônio geral. Nestes poemas, procurei conservar a visão que recebi na infância do histórico e do lendário mineiro (sic), com o sonho de projetá-la por algum tempo; e com a esperança de que não desapareçam no torvelinho do amanhã os valores da nossa terra – que hão de ser interpretados, a cada geração, por novos e melhores poetas.[9]

Em "Elegia de Mariana", a autora descreve nos seguintes versos a posse do Bispo Dom Frei Manuel da Cruz, na diocese de Mariana, em 1748; um dos motivos trabalhados no texto já citado, *Áureo Trono Episcopal*. A descrição dos ornamentos característicos do barroco mineiro condiz com a escolha do léxico, bem como o estrato fônico decorrente, que entrelaçado à cadeia de imagens promove um efeito sinestésico — sonoro/visual e tátil; quiçá também olfativo.

Observemos na estrofe abaixo a abrupta quebra de ritmo que se dá a partir dos dois últimos versos, momento em que ocorre a interrupção da sequência de pluralizações que até ali se desenvolvia. Há uma separação, no sentido de singularizar uma das figuras de alegoria para que melhor se observe o detalhe, mantido o recurso sonoro da aliteração consonantal em "f" – "flautas; pífanos; antífonas; figuras; franjas; fronte; desfere; fogo". Na linguagem do cinema, da televisão ou da fotografia poderíamos chamar de um efeito *zoom*, ou até mesmo "microscópico", que oferece ao leitor a precisão do

9 Cf. Pasta Esboços e notas, AEM/UFMG.

detalhe. Sem mencionar-lhe o nome, a coloração "rubi/fogo" dá conta do espetáculo visual/imagético:

> (...)
> Tal cerimônia se inicia:
> São flautas pífanos clarins
> são claras vozes de cristal
> cantando antífonas e salmos.
> São arcos e jardins suspensos
> dosséis portando girassóis.
> São cavalos ajaezados
> de ouro e veludo carmesim.
> São figuras de alegoria
> ornadas de plumas e franjas
> de diamantes e de topázios.
> Uma delas ostenta à fronte
> um rubi que desfere fogo.
> (...)
> (LISBOA, 1985, p. 230)

Fábio Lucas, ao analisar a poesia de Henriqueta Lisboa, destaca as várias correntes literárias que se entroncam na sua obra. Aponta, entre elas, uma dicção simbolista na vigência do Modernismo, e outra vertente do Simbolismo, "(...) aquela dos poetas mineiros do século XVIII, de certa expressão rococó" (LUCAS, 1989, p. 191); esta, nitidamente, vigente em *Madrinha lua*, bem como nos seus outros dois romanceiros: *Montanha viva*: *Caraça* (1959) e *Belo Horizonte bem querer* (1972). E sobre a manifestação rococó, Lucas elucida nestes termos:

> Presente ainda a crise religiosa do Barroco, a manifestação rococó vem a ser uma tentativa de retorno ao período clássico, mas dimensionado segundo os

> ambientes interiores: tempo da música de câmera, do minueto, dos bibelôs, da porcelana, dos objetos de adorno. Repete-se em Henriqueta Lisboa o gosto das miniaturas, a descrição de objetos ornamentais, assim como a manifestação de sentimentos sutis do espírito (LUCAS, 1989, p. 191-192).

Quanto ao conceito de arte, Henriqueta defende que o artista é antes de tudo um homem do seu tempo, e que o poeta, especialmente, deveria aprender a depurar a sua arte em consonância com o mundo vivido, o mundo e tempo históricos. Notadamente uma percepção de arte cultivada em meio às reflexões de Wilhelm Dilthey (1833-1911), um dos filósofos cuja leitura a poeta muito apreciava:

> O artista que vivesse fora do seu tempo realizaria uma evasão às avessas, trairia sua própria sensibilidade. (...) Creio que arte é evasão realizada, não apenas ânsia de evasão. Penso que o engano em que laboram alguns dos nossos poetas atuais é justamente esse: imaginar que todos os gritos interiores, todas as perplexidades devam constar no texto literário. Urge que o poeta saiba ser artista. Arte é depuração, nunca fermentação.[10]

História e poesia

Henriqueta Lisboa é a primeira mulher eleita para a Academia Mineira de Letras, em 1963, depois de enfrentar uma forte oposição. Seu nome já havia sido indicado em 1959, porém foi logo preterido, pois ainda não era o momento de uma

10 Cf. Pasta Entrevistas ("Vamos ler" – Rio, 11 set. 1941), no AEM/UFMG.

mulher ocupar uma cadeira naquela instituição.[11] Contudo, no mesmo ano de 1959, a poeta de *Flor da morte* (1949) ao lado de Lúcia Machado de Almeida (1910-2005), Zilah Corrêa de Araújo (1916-1975) e Francisca Rodrigues Gregory, quebra um tabu contra a adesão de representantes do sexo feminino no quadro de associados do Instituto Histórico e Geográfico de Minas Gerais, outro órgão público que não admitia mulheres entre seus membros, até aquela data.

"Chegou a vez da integração da mulher nos quadros do Instituto – novidade equivalente, para meios sociais menos avisados, a algum abalo sísmico", diz Henriqueta na cerimônia de posse, e acrescenta: "Eu mesma perguntaria com certa perplexidade, tal é a força do convívio da sombra a que está fadado o espírito feminino: Pode a mulher – tanto mais frágil quanto mais sensível – partilhar com o homem de grandes embates culturais, qual seja o da formação da consciência histórica de uma grei?" (LISBOA, 1959, p. 162).

Contrapondo-se de certa maneira à fala do desembargador Martins de Oliveira, Secretário do Instituto, que defende no seu discurso de recepção às novas integrantes o lugar da mulher enaltecendo a "mulher forte" e chamando de tolice a expressão "sexo frágil" (OLIVEIRA, 1959, p. 153), Henriqueta, como porta-voz das colegas, reafirma sua condição de mulher "colaboradora" do homem; a quem cabe tão somente o predomínio do sentimento, da intuição e da força de imaginação. Uma concepção de gênero, que importa ressaltar, moldada desde tenra idade, alicerçada na doutrina católica[12],

11 Sobre a eleição da primeira mulher para a Academia Mineira de Letras, ver, entre outros, Paiva (2012, p. 91-105).

12 Oriunda de uma família extremamente religiosa, a poeta mineira

e, ao mesmo tempo, reforçada pela cultura dominante. Naquele período, os direitos da mulher eram quase nulos, e na esfera pública não cabia à mulher o papel de protagonista.

No seu pronunciamento, Henriqueta destaca o valor da História, cita nomes da cultura francesa, como Lucien Le Febvre (1878-1956), Cournot (1801-1877), o italiano Croce (1866-1952), o espanhol Menéndez y Pelayo (1856-1912), bem como o grego Heródoto (485-425 a.C) – considerado o "pai da História" –, e conclui que "a História vive, sem dúvida, nas proximidades da Poesia" (LISBOA, 1959, p. 165).

Sem citar Wilhelm Dilthey (1833-1911), no entanto, a poeta se filia à corrente do historicismo diltheyano – o *historicismo alemão clássico*[13] – sobretudo porque a história para o filósofo alemão tem como instrumento fundamental a "experiência vivida", a *Erlebnis*, também traduzida como "vivência" (REIS, 2006, p. 216). Para aquele que é considerado o maior teórico das ciências humanas, estas "(...) estão fundadas sobre o conhecimento de *vivências*" (DILTHEY, 2010, p. 88, grifo nosso). Tal como para a poeta de *O alvo humano* (1973), o homem – a abordagem humanista, o sujeito em sua historicidade –, está no centro de todo o pensamento diltheyano. "A poesia tem por base a conexão de efei-

---

forma-se como normalista no regime de internato do Colégio Sion, em Campanha, interior de Minas Gerais. Uma instituição de ensino administrada pelas irmãs francesas da Congregação Sionense. Conforme registros pesquisados pela autora deste trabalho, na instituição, o ano de sua conclusão de curso é 1918; observemos que Henriqueta Lisboa nasce em Lambari/MG, em 1901, e morre em Belo Horizonte/MG, em 1985.

13 Sobre o historicismo diltheyano, ver, entre outros, o capítulo "Historicismo: um conceito?" (REIS, 2006, p. 214-226).

tos da vida, o acontecimento. De algum modo, toda poesia está em conexão com um acontecimento *vivenciado* ou a ser compreendido" (DILTHEY, 2010, p. 88, p. 232, grifo nosso), postula o filósofo.

Para o teórico alemão, filosofia e história estão unidas, assim como a poesia, no poema, está vinculada ao fato histórico, conforme defende a poeta de *Azul profundo* (1958). A interdisciplinaridade, portanto – tema caro e recorrente nos estudos literários – está presente em ambas as abordagens.

Em 1968, quando publica o ensaio "Formação do poeta", que compõe o livro *Vigília poética*, Henriqueta inclui na bibliografia a *Poética* de Dilthey,[14] e o cerne da sua argumentação se deve muito às investigações empreendidas pelo autor. E, mesmo antes dessa data, conforme vimos defendendo, já no seu discurso, em 1959, é notória a ressonância diltheyana:

> A História vive, sem dúvida, nas proximidades da poesia. A causa primeira dessa afinidade reside na essência de que procedem ambas. Partem em busca da revelação do humano como linhas paralelas. Seus métodos são diferentes, seus processos algumas vezes antagônicos. Mas inscrevem, uma e outra, em transcendentes espelhos, a figura do homem – a salvo de suas contingências de temporalidades e finitude. Inspiram-se mutuamente. Constitui muitas vezes a História, direi melhor, constitui sempre a História o motivo do poema. Que poderá dizer a criatura humana de suas próprias sensações, emoções ou observações que não

14 Encontra-se no acervo que compõe a biblioteca particular da poeta Henriqueta Lisboa, no AEM/UFMG, entre outros, um exemplar de *Poética: la imaginagión del poeta — las tres épocas de la estética moderna y su problema actual* (1945), de W. Dilthey; além de citações e esboços de estudos, em manuscritos.

> assuma caráter histórico? O mais abstrato poema realiza-se acusando causalidade, exprime continuidade, existe, é, pois virtualmente histórico. De outra parte, numerosos são os livros poéticos cujo teor provém de sucessos concretos (LISBOA, 1959, p. 165).

E complementa:

> De Homero a Shakespeare, de Shakespeare a Guimarães Rosa, vai toda uma escala de maravilhosas ficções correspondentes a verdades comprovadamente vivas ou a verossimilhanças tão vivas como verdades. Todo poema – ainda que de origem íntima – é partícula histórica, sinal convencional que alcança plena significação ao incorporar-se ao sentido global da História (LISBOA, 1959, p. 165).

Sobre o conceito "vivência", a "experiência vivida" – a *Erlebnis* –, já anteriormente referido, temos a acrescentar uma importante observação de Katë Hamburger (1896-1992), a teórica alemã que fundamenta uma lógica da criação literária com base na teoria da enunciação (HAMBURGER, 1986), ao postular a respeito da natureza do *eu lírico*, ou seja, do *sujeito-de-enunciação lírico*. Reportando-se ao trabalho de Dilthey e à sua contribuição em relação a um "lirismo vivencial", proveniente da sua teoria psicológica da criação literária, Hamburger toma o conceito "vivência", compreendido por Dilthey psicológica e biograficamente, e vai além — lembra-nos de que ele é um conceito legítimo da epistemologia de língua alemã que fora empregado principalmente por Edmund Husserl (1859-1938) "como a noção de todos os processos da consciência (de percepção, imaginação, conhecimento etc.)" (HAMBURGER, 1986, p. 198). E ressalta que, para Husserl, há uma equiparação entre *consciência* e *vivência*, e que a última expressa a intencionalidade da primeira, "como consciência de algo, razão por que também lhe dá o nome de "vivência intencional" (HAMBURGER, 1986, p. 198). Hamburger defende ainda que é legítimo empregar a noção de "vivência" para a enunciação lírica, no sentido epistemológico, ou seja, fenomenológico, "sem limitá-la à noção de vivência mais restrita, compreendida no conceito de *lirismo vivencial*" (HAMBURGER, 1986, p. 198, grifo nosso).

É importante destacar também que, para Hamburger, a questão sobre a identidade ou não identidade do *eu lírico* com o eu do poeta não encontra uma única resposta na sua análise estrutural da *enunciação lírica*, ou seja, "não existe critério exato, nem lógico, nem estético, nem interior, nem exterior, que nos permita a identificação ou não do *sujeito-de-enunciação lírico* com o poeta" (HAMBURGER, 1986, p. 195). O que Hamburger pode afirmar, no entanto, e isto é ponto fundamental quando pensamos na crítica biográfica e/ou quando lidamos com arquivos literários de poetas – principalmente com as cartas destes, cujos depoimentos revelam elementos referentes à gênese de seus poemas –, é que "a forma do poema é a enunciação e isso significa que a experimentamos como o campo de experiência do *sujeito-de-enunciação* – o que justamente a torna apta a ser vivida como enunciado de realidade" (1986, p. 196). Lembrando que Hamburger defende "que todo enunciado é enunciado de realidade" (1986, p. 197), ou seja, que "*a enunciação sempre é real, porque o sujeito-de-enunciação é real, porque, com outras palavras, uma enunciação somente pode ser constituída por um sujeito-de-enunciação real, autêntico*" (HAMBURGER, 1986, p. 3, grifo do autor). Assim, para efeito teórico, no sentido lógico,

> o sujeito-de-enunciação sempre é idêntico ao autor de um documento real. Por esta razão é o sujeito-de-enunciação lírico idêntico ao poeta, tanto quanto o sujeito-de-enunciação de uma obra histórica, filosófica ou científica é idêntico a seu respectivo autor. Idêntico significa idêntico no sentido lógico. (...) A identidade lógica não significa aqui que todo enunciado de um poema, ou o poema todo, deva coincidir com uma experiência real do sujeito poeta (HAMBURGER, p. 197).

Palavra e voz

Encontra-se no arquivo de Henriqueta Lisboa, entre vários de seus manuscritos, um texto inédito, ainda em forma de rascunho, cujo teor reflete algumas das preocupações mais centrais que ocupavam o pensamento da artista. Sem nos propormos a uma análise genética do texto, tecnicamente falando, e sim a uma leitura do conteúdo legível, — desconsiderando-se, portanto as rasuras nas suas múltiplas possibilidades de sentido —, inferimos tratar-se da manifestação de ideias que representam as reflexões tardias da poeta de *Pousada do ser* (1982). Aqui, Henriqueta discute sobre o lugar da voz na poesia, da *voz lírica*, retirando da palavra o seu reinado absoluto.

"Poesia: palavra e voz" não é um texto com registro de datação, porém em vista do cotejo realizado com outros documentos, entre eles um poema inédito, de setembro de 1982, cujo tema abordado é o mesmo do referido texto, podemos afirmar que estas reflexões tardias representam uma espécie de síntese de todo o "aprendizado lírico" da poeta mineira; ou seja, são a tradução de seu legado crítico-poético, em essência. Com um teor fortemente marcado pelas impressões hegelianas, o conteúdo trabalhado faz jus aos imperativos do modernismo marioandradiano, especialmente aquele que visa a uma "nova concepção de arte baseada na força da expressão individual" (LISBOA, 1968, p. 109), espécie de credo professado pela autora.

A poeta mineira declarou certa vez, em uma entrevista, que, entre os simbolistas franceses que a influenciaram, era Stéphane Mallarmé (1842-1898) a quem ela sempre interrogava.[15] Porém, mais tarde, a escritora irá questionar a supervalorização da palavra em detrimento da voz; esta que, segundo ela, está "além do relevo da palavra".[16]

> além do relevo da palavra, existe a voz – com seu timbre peculiar, com seu jogo de aproximação ou distanciação de outras palavras, com os embates sonoros das sílabas, com a melodia das curvaturas da frase. (...) A palavra é o instrumento primordial da poesia – com a condição de estabelecer o processo da voz. O que humaniza a poesia é precisamente a voz.[17]

Henriqueta destaca que, a partir de Mallarmé, o poeta se viu na obrigação de escolher entre dois caminhos: "o da palavra – valorizada por si mesma – e o da voz, pouco relacionada com a palavra".[18] O estado poético se prepara, diz a poeta, e encontra o vácuo, caso não haja o encontro da palavra e a

15 Cf. Pasta Entrevistas. Respostas de Henriqueta Lisboa às perguntas de Leo Gilson Ribeiro para a Revista *Veja*. Belo Horizonte, 11 jan. 1975.

16 Cf. Produção Intelectual do Titular, Pasta Esboços e Notas, texto manuscrito "Poesia: palavra e voz", no AEM/UFMG.

17 Cf. Produção Intelectual do Titular, Pasta Esboços e Notas, texto manuscrito "Poesia: palavra e voz", no AEM/UFMG.

18 *Idem.*

voz. E encerra suas reflexões fazendo um alerta: "Atente o poeta moderno para essa ligação: a palavra e a voz".[19]

"Na poética henriquetiana, a tensão de forças contrárias é uma constante, e com igual frequência a poeta busca solucionar o problema, manobrando com delicadeza seus altos voos imaginários, evitando quedas bruscas ou drásticas vertigens" (MACHADO, 2013, p. 89).

Postulamos, por fim, que uma poética *estudiosa* sempre exigirá de seus intérpretes uma redobrada atenção, uma escuta apurada capaz de captar todas as sutilezas dessa voz que habita a palavra henriquetiana; uma voz que reverbera para além da palavra, além do espaço-tempo do poema, tal como se dá na música, nas grandes composições musicais.

Referências

Da autora

LISBOA, Henriqueta. *Convívio poético*. Belo Horizonte: Imprensa Oficial, 1955.

LISBOA, Henriqueta. Discurso de Henriqueta Lisboa – Reflexões sobre a História. *Revista do Instituto Histórico e Geográfico de Minas Gerais*, v. VI, p. 161-166. Belo Horizonte: Imprensa Oficial, 1959.

LISBOA, Henriqueta. *Além da imagem*. Rio de Janeiro: Livros de Portugal, 1963.

LISBOA, Henriqueta. *Vigília poética*. Belo Horizonte: Imprensa Oficial, 1968.

LISBOA, Henriqueta. *Azul profundo*. 2. ed. São Paulo: Xerox do Brasil, 1969.

19 *Idem*.

LISBOA, Henriqueta. *Nova lírica*: poemas selecionados. Belo Horizonte: Imprensa Oficial, 1971.

LISBOA, Henriqueta. *Vivência poética*. Belo Horizonte: São Vicente, 1979.

LISBOA, Henriqueta. *Obras completas* I: poesia geral (1929-1983). São Paulo: Duas Cidades, 1985.

Teórico-crítica

ÁVILA, Affonso. *O lúdico e as projeções do mundo barroco*. São Paulo: Perspectiva, 1971.

BAKAJ, Branca Borges Góes. *Quatro estudos literários* (Mário de Andrade, Machado de Assis, Henriqueta Lisboa, Florbela Espanca). Brasília: [*s.n.*], 1989.

DILTHEY, Wilhelm. *A construção do mundo histórico nas Ciências Humanas*. Trad. Marco Casanova. São Paulo: Ed. Unesp, 2010.

HAMBURGER, Käte. *A lógica da criação literária*. Trad. Margot P. Malnic. 2. ed. São Paulo: Perspectiva, 1986.

LUCAS, Fábio. *Do barroco ao modernismo*: vozes da literatura brasileira. São Paulo: Ática, 1989.

MACHADO, Adriana Rodrigues. *Rosa plena*: a sagração da poesia em Henriqueta Lisboa. 2013. Tese (Doutorado em Teoria da Literatura) – Faculdade de Letras, Pontifícia Universidade Católica do Rio Grande do Sul, Porto Alegre, 2013.

NOVAES COELHO, Nelly. *Dicionário crítico de escritoras brasileiras* (1711-2201). São Paulo: Escrituras, 2002.

OLIVEIRA, Martins de. Discurso do desembargador Martins de Oliveira, dirigido às primeiras sócias, recém-empossadas. *Revista do Instituto Histórico e Geográfico de Minas Gerais*, v. VI, p. 151-160. Belo Horizonte: Imprensa Oficial, 1959.

PAIVA, Kelen Benfenatti. *Nos bastidores do arquivo literário*: Henriqueta Lisboa entre versos e cartas. 2012. Tese (Doutorado em Estudos Literários) – Faculdade de Letras, Universidade Federal de Minas Gerais, Belo Horizonte, 2012.

RAMOS, Maria Luiza. Aspectos do "Romanceiro da Inconfidência". *Tendência*, Belo Horizonte, n. 3, p. 43-67, 1960.

RANGEL, Paschoal. *O romanceiro de Henriqueta Lisboa em Madrinha lua*. Belo Horizonte: O Lutador, 1996.

REIS, José Carlos. *História & Teoria*: historicismo, modernidade, temporalidade e verdade. 3. ed. Rio de Janeiro: FGV, 2006.

TAVARES, Hênio. *Teoria literária*. 4. ed. Belo Horizonte: Bernardo Álvares, 1969.

TORRES FILHO, Rubens Rodrigues. Novalis: o Romantismo estudioso. *In*: NOVALIS, Friedrich. *Pólen*: fragmentos, diálogos, monólogos. Trad. Rubens Rodrigues Torres Filho. São Paulo: Iluminuras, 1988, p. 11-27.

"Coação do eterno dentro do efêmero": poesia e prosa na imprensa periódica

Agnes Rissardo

No ensaio "Expressão e comunicação" (1968), Henriqueta Lisboa distingue os dois aspectos da linguagem verbal, relacionando-os à poesia e à prosa. A expressão se aproximaria das palavras em estado selvagem, resultantes da intuição e, portanto, do estado poético. Já a comunicação decorreria do pensamento lógico, aproximando-se das palavras domesticadas e, consequentemente, da prosa. "O ideal para o poeta seria limitar a obra de arte à mais pura expressão, sem conceder apreço à comunicação", assevera Henriqueta. "Todavia, o artista, pela tendência social de todo ser humano, imediatamente e talvez até de antemão, se propõe torná-la comunicativa. (...) Por mais solitário, o artista deseja estender a outrem suas próprias experiências, assim como as tem captado do exterior, muito embora se isole eventualmente nos rochedos do hermetismo" (LISBOA, 1968, p. 15).

Definida por ela mesma como alguém que "fez do silêncio e da sombra a sua morada" (LISBOA, 1979, p. 11) e conhecida por sua discrição, Henriqueta Lisboa nunca escondeu sua paixão pela poesia, como atestam sua obra completa, entrevistas e, sobretudo, o depoimento "Poesia: minha profissão de fé" (1979). Entretanto, o desejo de "estender a outrem suas próprias experiências" levou a poeta a reunir dois fenômenos que *a priori* seriam distintos – expressão e comunicação / intuição e pensamento lógico – em diversos gêneros do discurso. Foi uma escritora versátil, que, além da poesia, se dedicou, com igual habilidade, à tradução, à crítica e à teoria literária, tendo publicado, em vida, mais de 20 livros.

Ao ser perguntada, em entrevista a Edla Van Steen, se nunca havia se interessado por escrever contos e romances, Henriqueta foi enfática: "Não teria fôlego para aventuras diferentes, nem sinto inclinação para o gênero, embora saiba apreciá-lo e valorizá-lo, seja na espécie de conto ou de romance". No entanto, acrescenta: "Em prosa, tenho escrito crônicas e ensaios".[1]

É de conhecimento geral que os ensaios – ao menos os considerados de excelência por ela – foram reunidos em quatro publicações em livro: *Alphonsus de Guimaraens* (1945), *Convívio poético* (1955), *Vigília poética* (1968) e *Vivência poética* (1979). Mas, e as crônicas? Onde teriam sido publicados esses textos que a autora afirma ter escrito?

Um olhar sobre outra faceta do trabalho de Henriqueta revela uma presença perene, ainda que esporádica, em periódicos brasileiros, a partir da década de 1930 até o fim de sua vida. Uma visada em jornais e revistas como *O Malho* (RJ), *Diário de Notícias* (RJ), *A Manhã* (RJ), *Revista da Semana* (RJ), *Kosmos* (RJ), *O Jornal* (RJ), *Diário de Minas*, *Folha de Minas*, *Suplemento Literário Minas Gerais* e *O Estado de São Paulo*, entre outros, evidencia que as contribuições de Henriqueta foram tão diversas quanto resenhas, ensaios, poemas até então inéditos, artigos apologéticos, conferências

1 LISBOA, Henriqueta. Entrevista a Edla Van Steen. *O Estado de S. Paulo*, São Paulo, 5 maio 1984.

e até mesmo crônicas em prosa poética. Muitos desses textos dispersos jamais seriam publicados em livros, o que nos estimula a examiná-los a fim de flagrar uma autora em franca experimentação de gêneros literários.[2]

Primeiras aparições: poemas

A falta de recursos e a impossibilidade de sobreviver apenas da publicação em livros levaram boa parte dos escritores brasileiros a buscar seu ganha-pão nas redações de jornais e revistas durante o século XX (COSTA, 2005). Este não parece ter sido o caso de Henriqueta Lisboa, que nunca chegou a ser jornalista contratada. Sem desconsiderar a importância da suposta remuneração atribuída às suas colaborações em periódicos – sobretudo na década de 1930, quando ela ainda não havia conquistado cargos importantes no magistério – o que motivava a escritora mineira a publicar seus textos nesses veículos talvez passasse ao largo da questão financeira.

Em 1924, Henriqueta se mudou com a família para o Rio de Janeiro, acompanhando o pai, João de Almeida Lisboa, em seu mandato como deputado federal na então capital do país. Recém-chegada, a jovem escritora logo procurou meios de divulgar seus poemas, ainda inéditos. Em 3 de setembro de 1924, o jornal *O Paíz* (RJ) noticiava, na coluna "Vida Social":

2 Este artigo foi elaborado a partir de pesquisa realizada nos arquivos de Henriqueta Lisboa no Acervo de Escritores Mineiros (AEM) da Universidade Federal de Minas Gerais (UFMG) em julho de 2022; na Hemeroteca Digital Brasileira da Biblioteca Nacional (https://memoria.bn.br/hdb/periodico.aspx) e na coleção da Fundação Casa de Rui Barbosa (FCRB) da revista *O Malho* (Biblioteca São Clemente Digital), disponível em http://omalho.casaruibarbosa.gov.br/.

> A senhorita Henriqueta Lisboa, filha do deputado João Lisboa, dá hoje, na residência de seus pais, à rua Lucio de Mendonça n. 35, uma audição literária. O ilustre homem de letras, Sr. Augusto de Lima, lerá o prefácio, de sua autoria, no livro de versos *Fogo fátuo*, que aquela senhorita, dentro de breves dias, entregará ao conceito público.[3]

Durante o período em que viveu no Rio de Janeiro, de 1924 a 1935, a poeta mineira teria ampla participação na vida literária da cidade, ao apresentar seus poemas em inúmeros recitais, festas de poesia, sessões na Academia Brasileira de Letras e eventos da Federação Brasileira pelo Progresso Feminino, presidida por Bertha Lutz, sempre registrados em "notas mundanas" nos jornais.[4] Em entrevista, ela recorda essa fase de descobertas culturais e a criação de redes de sociabilidade, por onde fazia circular sua poesia:

> A vida no Rio foi a descoberta dos grandes espetáculos, sobrelevando-se o teatro de Pirandello pela força dramática; a harmonia do balé russo com Serge Lifar; o misticismo da raça negra na voz de Marian Anderson; as conferências na Academia Brasileira de Letras; o curso de literatura francesa de Gustave Lanson; o en-

---

3 VIDA SOCIAL. *O Paíz*, Rio de Janeiro, n. 14.563, p. 5, 3 set. 1924. A nota faz menção ao primeiro livro de Henriqueta, *Fogo fátuo*, que seria lançado em 1925 e, posteriormente, renegado pela autora.

4 Ver, por exemplo: ACADEMIA BRASILEIRA. *O Paíz*, Rio de Janeiro, n. 14.811, p. 4, 9 maio 1925; THEATRO E MÚSICA. Hora de poesia. *O Jornal*, Rio de Janeiro, n. 2.394, p. 14, 30 set. 1926; AS COMEMORAÇÕES de 7 de Setembro. A Federação pelo Progresso Feminino. *O Jornal*, Rio de Janeiro, n. 2.060, p. 10, 5 set. 1926; NA FEIRA das vaidades. Recital Henriqueta Lisboa. *A Manhã*, Rio de Janeiro, n. 255, p. 5, 22 out. 1926.

> contro dos poetas no salão de Ângela Vargas; os recitais de Margarida Lopes de Almeida, incluindo poemas de minha lavra; as recepções de Ana Amélia e Marcos Mendonça; a vizinhança de Basílio de Magalhães, colega e amigo de meu pai, conselheiro de grande erudição, o qual se interessou pelos meus trabalhos, me incentivou o gosto pelo folclore e pela literatura hispano-americana, da qual vim ser professora catedrática na Faculdade de Letras Santa Maria. Naquela ocasião colaborei em revistas e jornais como *O Malho*, *Revista da Semana*, *A Manhã* e *O Jornal*, onde meus textos eram ilustrados por Santa Rosa.[5]

Heloísa Buarque de Hollanda chama atenção para o "conjunto de práticas críticas no qual as mulheres se envolveram desde o século XIX até a primeira metade do XX, quando a pesquisa acadêmica começa a profissionalizar-se no país" (HOLLANDA, 1993, p. 17). Entre essas práticas, podem ser apontadas a leitura em saraus; a organização de salões literários e de academias femininas de letras; e a produção, escrita e consumo da chamada imprensa feminina. Tal uso da associação e da reflexão em torno da literatura, ainda de acordo com Hollanda, funcionaria como "campo permitido de ensaio e passagem para a atuação mais efetiva [das mulheres] na vida pública" (HOLLANDA, 1993, p. 17).

As redes de sociabilidade construídas por Henriqueta Lisboa no Rio de Janeiro sem dúvida contribuiriam para que, em 1929, já fosse possível encontrar publicações de sua autoria em periódicos fluminenses, como os poemas "Poeira

---

5 LISBOA, Henriqueta. Entrevista a Edla Van Steen. *O Estado de S. Paulo*, São Paulo, 5 maio 1984.

dos dias"[6] e "Enternecimento"[7] (anunciado como "inédito") e "Serenidade"[8], que surgem em um canto de página do caderno "Belletrismo e Crítica", do jornal *A Manhã*. A poeta divulgava, dessa forma, os poemas reunidos no recém-lançado *Enternecimento* (1929).[9]

Em edições dominicais de 1931, O *Diário de Notícias* também dedicaria espaço, ainda que reduzido, aos poemas de Henriqueta "Olhos tristes"[10], "Pressentimento"[11] e "Sonho".[12] Em 1932, com "A partida"[13], os versos da poeta começam a receber um tratamento mais destacado.

---

6 LISBOA, Henriqueta. Poeira dos dias. *A Manhã*, Rio de Janeiro, n. 1168, "Belletrismo e Crítica", p. 10, 22 set. 1929.

7 LISBOA, Henriqueta. Enternecimento. *A Manhã*, Rio de Janeiro, n. 1198, "Belletrismo e Crítica", p. 10, 27 out. 1929

8 LISBOA, Henriqueta. Serenidade. *A Manhã*, Rio de Janeiro, n. 1228, "Belletrismo e Crítica", p. 8, 1º dez. 1929

9 De acordo com Reinaldo Marques e Wander Melo Miranda, no volume *Lírica*, reunião dos primeiros livros de Henriqueta Lisboa, publicada pela José Olympio em 1958, a autora "expurgou diversos poemas de alguns deles", como no caso de *Enternecimento*. Assim, dos três poemas citados, apenas "Serenidade" passou pelo crivo da poeta e foi selecionado para fazer parte de *Lírica* e, em 1985, do volume *Obras Completas I – Poesia Geral*, publicado pela Editora Duas Cidades (Cf. MARQUES; MIRANDA, 2020a, p. 39).

10 LISBOA, Henriqueta. Olhos tristes. *Diário de Notícias*, Rio de Janeiro, n. 373, p. 20, 21 jun. 1931.

11 LISBOA, Henriqueta. Pressentimento. *Diário de Notícias*, Rio de Janeiro, n. 401, p. 29, 19 jul. 1931.

12 LISBOA, Henriqueta. Sonho. *Diário de Notícias*, Rio de Janeiro, n. 555, p. 17, 27 dez. 1931.

13 LISBOA, Henriqueta. A partida. *Diário de Notícias*, Rio de Janeiro, n. 912, p. 24, 25 dez. 1932.

Figura 1: Poema "A partida"

DIARIO DE NOTICIAS — Domingo, 25 de Dezembro de 1932 — 24

NATAL

BENJAMIN MORAES.

O LINYERA

A Partida

A ESTRELLA DE BETHLEM

Vovô Indio

ANNA AMELIA DE QUEIROZ CARNEIRO DE MENDONÇA.

CARLOS JAIMOVICH

Ballada da Solidão

MALAS HARTMANN

MALAS ARMARIO E DE MÃO COM CABIDES

MALAS PARA PORÃO E CABINE, CALÇADOS E CHAPÉOS

A' TORRE EIFFEL

97 - RUA DO OUVIDOR - 99

A Embaixada Que Vae Para o Mar

NEWTON BRAGA.

Todos devem ler

a 7ª Edição do

Fonte: *Diário de Notícias*, Rio de Janeiro, n. 912, p. 24, 25 dez. 1932 (Hemeroteca Digital).

Henriqueta não estava sozinha na página do *Diário de Notícias* (Figura 1). Ao lado de seu poema, versos de Benjamin Moraes, Zuleika Lintz e Anna Amélia de Queiroz Carneiro de Mendonça compunham um conjunto de representantes da poesia no jornal, enquanto outros textos em prosa se "intrometiam" entre eles, em continuação à página anterior. É notável, entretanto, o destaque dado a "A partida", por sua posição central na página e por ser o único poema a merecer o auxílio de uma ilustração.

Seguiram-se contribuições da poeta em diversos periódicos fluminenses. Porém, Henriqueta passa a diversificar os gêneros de seus textos, não se limitando à publicação de poesia. Em um tempo em que as mulheres começam a despontar como autoras reconhecidas de literatura no Brasil, ocupando cada vez mais espaços nas livrarias, nos periódicos e nos prêmios literários, a poeta mineira se sentia livre para experimentar também na prosa, com artigos, resenhas, críticas e crônicas.

Como atesta Constância Lima Duarte (2012), foi na década de 1930 que as escritoras alcançaram a maioridade na literatura no Brasil. Isso se deve em grande parte ao avanço das mulheres no espaço público, com filiação aos partidos e organizações sociais e, em 1933, à aprovação do voto feminino. Além disso, também começou a haver um maior acesso delas à educação, com o ingresso nas universidades tanto brasileiras quanto estrangeiras, e a ampliação do mercado de trabalho, que antes era restrito ao magistério.

Foi justamente nessa década em ebulição que surgiram nomes que finalmente fariam parte do cânone da literatura brasileira, como Rachel de Queiroz, Patrícia Galvão (a Pagu), Lygia Fagundes Telles, Dinah Silveira de Queiroz, Cecília Meireles. E Henriqueta Lisboa. Até então, o terreno socialmente aceito para a mulher que escrevia era o da poesia, como relata Gilda de Mello e Souza (*apud* GALVÃO, 2014), outra intelectual iniciante na época, que preferiu "realizar-se como homem", uma vez que seguir a trilha da crítica e do ensaísmo não era considerado um trabalho "feminino".

É inegável que Henriqueta Lisboa fez da poesia a sua "profissão de fé" e, por intermédio desse gênero, foi reconhecida em vida por público, crítica e pares. Todavia, foi além das expectativas e ousou enveredar pela prosa, escrevendo ensaios teóricos, crítica literária (e de outras artes) e crônicas. E onde mais poderia ela dar os primeiros passos na experimentação de outros gêneros senão na imprensa, espaço decisivo para o desenvolvimento da expressão feminina (HOLLANDA, 1993, p. 18) no Brasil?

Uma vereda inesperada: a crônica

"Acho que foi no decênio de 1930 que a crônica moderna se definiu e consolidou no Brasil, como gênero bem nosso, cultivado por um número crescente de escritores e jornalistas", conta Antonio Candido (1992, p. 17) no já clássico "A vida ao rés-do-chão". Ocorre nessa época a consolidação da crônica como produto nacional, com a incorporação das inovações do modernismo, como a fala coloquial do brasileiro, e os flagrantes do cotidiano com humor e poesia. E, embora ainda necessite do jornal como suporte, transcende sua condição efêmera, herdada do jornalismo, para se tornar um gênero específico, quase autônomo (COSTA, 2005).

Entre todos os gêneros de prosa experimentados por Henriqueta Lisboa, o mais surpreendente é a crônica. Isso porque nenhum de seus livros publicados ao longo da vida resgatam esses textos, que permaneceriam registrados apenas em periódicos. E os anos 1930 foram fecundos nessa direção para a escritora, que investiu regularmente no gênero.

É de se notar que as crônicas de Henriqueta recebiam dos editores um tratamento mais caprichado do que o dispensado à sua poesia. Se, em *A Manhã* e no *Diário de Notícias*, seus poemas disputavam um espaço na página com outros textos de variados autores ou mesmo notícias mundanas e de entretenimento, a crônica na *Revista da Semana* mereceria (quase) uma página inteira, com ilustração.

Figura 2: Crônica "A louca aspiração"

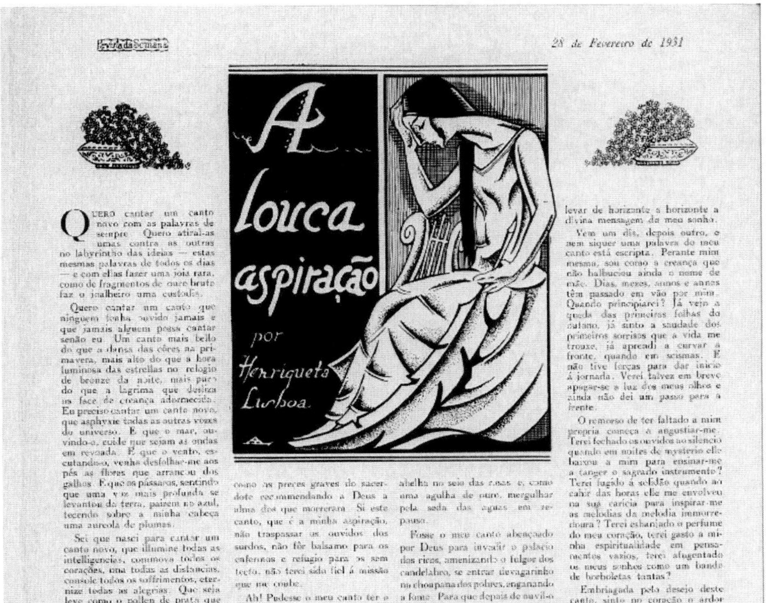

Revista da Semana — 28 de Fevereiro de 1931

A louca aspiração

por Henriqueta Lisboa

QUERO cantar um canto novo com as palavras de sempre. Quero atiral-as umas contra as outras no labyrintho das ideias — estas mesmas palavras de todos os dias — e com ellas fazer uma joia rara, como de fragmentos de ouro bruto faz o joalheiro uma custodia.

Quero cantar um canto que ninguem tenha ouvido jamais e que jamais alguem possa cantar senão eu. Um canto mais bello do que a dansa das côres na primavera, mais alto do que a hora luminosa das estrellas no relogio de bronze da noite, mais puro do que a lagrima que desliza na face de creança adormecida. Eu preciso cantar um canto novo, que asphyxie todas as outras vozes do universo. E que o mar, ouvindo-o, cuide que sejam as ondas em revoada. E que o vento, escutando-o, venha desfolhar-me aos pés as flores que arrancou dos galhos. E que os pássaros, sentindo que uma voz mais profunda se levantou da terra, pairem no azul, tecendo sobre a minha cabeça uma aureola de plumas.

Sei que nasci para cantar um canto novo, que illumine todas as intelligencias, commova todos os corações, una todas as distancias, console todos os soffrimentos, eternize todas as alegrias. Que seja leve como o pollen de prata que palpita nas azas dos insectos, que venha impregnado do halito fresco dos aromas da matta, que guarde comsigo a uncção serenissima de uma benção lunar e pulse com a musicalidade radiosa do primeiro beijo.

Este canto, que deverei cantar para cumprir o meu destino, ha de ser assim como a cantiga simples das mães embalando o berço dos filhos, como o hymno vibrante dos moços que vão para a guerra, como as preces graves do sacerdote encommendando a Deus a alma dos que morreram. Si este canto, que é a minha aspiração, não traspassar os ouvidos dos surdos, não fôr balsamo para os enfermos e refugio para os sem tecto, não terei sido fiel á missão que me coube.

Ah! Pudesse o meu canto ter o rythmo largo das ondas, para viajar por todos os mares, correr todos os paizes, ser repetido em todas as linguas, perpetuar-se em todos os tempos!

Pudesse o meu canto roubar ao sol o resplendor dos tropicos para cobrir de mel o valle e a montanha, penetrar no reconcavo das furnas, deslizar como um barco pelo dorso dos rios, aninhar-se como uma abelha no seio das rosas e, como uma agulha de ouro, mergulhar pela seda das aguas em repouso.

Fosse o meu canto abençoado por Deus para invadir o palacio dos ricos, amenizando o fulgor dos candelabros, se entrar devagarinho na choupana dos pobres, enganando a fome. Para que depois de ouvil-o os ricos exclamassem escancarando as portas: — "Como até hoje pudemos imaginar que a vida era nossa?" E ao mesmo tempo, de mãos postas, rezassem os pobres: — "Nem só de pão vive o homem".

No dia em que o meu canto tiver, como o vento, o poder de enxotar as nuvens que offuscam a limpidez do céu, irá num assomo de loucura, domando todos os obstaculos, levar de horizonte a horizonte a divina mensagem do meu sonho.

Vem um dia, depois outro, e nem siquer uma palavra do meu canto está escripta. Perante mim mesma, sou como a creança que não balbuciou ainda o nome de mãe. Dias, mezes, annos e annos têm passado em vão por mim. Quando principiarei? Já vejo a queda das primeiras folhas do outono, já sinto a saudade dos primeiros sorrisos que a vida me trouxe, já aprendi a curvar a fronte, quando em scismas. E não tive forças para dar inicio á jornada. Verei talvez em breve apagar-se a luz dos meus olhos e ainda não dei um passo para a frente.

O remorso de ter faltado a mim propria começa a angustiar-me. Terei fechado os ouvidos ao silencio quando em noites de mysterio elle baixou a mim para ensinar-me a tanger o sagrado instrumento? Terei fugido á solidão quando ao cahir das horas ella me envolveu na sua caricia para inspirar-me as melodias da melodia immorredoura? Terei esbanjado o perfume do meu coração, terei gasto a minha espiritualidade em pensamentos vazios, terei afugentado os meus sonhos como um bando de borboletas tontas?

Embriagada pelo desejo deste canto, sinto no coração o ardor da labareda que devasta a floresta, nimba-me o ser a poesia dos que renunciaram ao amor pela grandeza deste amor. Mas ai de mim! Vejo-me atirada á sombra como cousa inutil porque não fui, não sou, não serei jamais capaz de cantar este canto que deveria ser meu, gloriosamente, desesperadamente meu.

HENRIQUETA LISBÔA.

Fonte: *Revista da Semana*, Rio de Janeiro, 28 fev. 1931 (Hemeroteca Digital).

Ao lermos os parágrafos iniciais de "A louca aspiração" (Figura 2), de pronto percebemos uma diferença substancial em relação às crônicas então consagradas de Mário de Andrade, Manuel Bandeira, Carlos Drummond de Andrade ou mesmo àquelas que surgiriam nas décadas vindouras: em lugar da fala coloquial, o lirismo; em vez dos temas cotidianos, elocubrações em torno do fazer poético; e, driblando a relação com o tempo presente, a atemporalidade.

Henriqueta não comenta os últimos acontecimentos de sua vida ou da cidade, apenas tece reflexões acerca do desejo de alcançar a perfeição na poesia: "Quero cantar um canto novo com as palavras de sempre", principia ela. "Quero atirá-las umas contra as outras no labirinto das ideias – estas mesmas palavras de todos os dias – e com elas fazer uma joia rara, como de fragmentos de ouro bruto faz o joalheiro uma custódia".[14]

Ou talvez a busca de perfeição na poesia fosse de fato o cotidiano da poeta. É quase impossível não relacionar esse excerto ao que Henriqueta viria a escrever, em 1968, em texto teórico-crítico sobre a "Formação do poeta": "O poeta aperfeiçoa-se com o artesanato. (...) As palavras são pedras que o artesão arranca ao seio da montanha ou colhe no leito dos rios para lapidá-las com delicadeza ou a golpes bárbaros, de acordo com o seu feitio e de conformidade com as circunstâncias" (LISBOA, 1968, p. 9).

Mais adiante na crônica, ela antecipa outro de seus tópicos recorrentes nos futuros ensaios autoexegéticos[15]: a poesia

14 LISBOA, Henriqueta. *Revista da Semana*, Rio de Janeiro, 28 fev. 1931. Procedeu-se à atualização ortográfica de todos os textos de e sobre Henriqueta Lisboa publicados em periódicos, segundo o Novo Acordo Ortográfico da Língua Portuguesa de 2009.

15 A denominação de "ensaios autoexegéticos" foi concebida por

como missão ou "profissão de fé" (LISBOA, 1979): "Se este canto, que é a minha aspiração, não traspassar os ouvidos dos surdos, não for bálsamo para os enfermos e refúgio para os sem-teto, não terei sido fiel à missão que me coube".[16]

O fato de Henriqueta escrever em prosa poética não desautoriza a classificação de seus textos como crônica. Na acepção de Afrânio Coutinho (1986), esse "gênero anfíbio", que "tanto pode viver na coluna de um jornal como na página de um livro" (p. 135), abarcaria justamente a ambiguidade entre o conto, a reportagem, o ensaio, o humorismo e, até mesmo, o poema em prosa.

É o que se pode observar com mais nitidez na série de crônicas publicadas pela poeta no semanário carioca *O Malho*. Neste periódico, as contribuições de Henriqueta mereceriam páginas inteiras, coloridas e ricamente ilustradas, como era de praxe na revista, que contava, em seu corpo de ilustradores, com nomes consagrados como J. Carlos, Angelo Agostini, Crispim do Amaral e Nássara, entre outros.

Padre Lauro Palú em apresentação à primeira edição de *Vivência poética* (1979), livro de ensaios de Henriqueta Lisboa. Segundo o estudioso, entram na classificação os textos "que constituem a 1ª parte de *Convívio poético* (perquirições sobre a poesia, a beleza, a arte, o corpo e a alma das palavras, a poesia pura), os dois primeiros textos de *Vigília poética* ("Formação do poeta" "Expressão e comunicação" e, sobretudo, o depoimento inicial de *Vivência poética* ("Poesia: minha profissão de fé")" (PALÚ, 1979, p. 7).

16 LISBOA, Henriqueta. *Revista da Semana*, Rio de Janeiro, 28 fev. 1931.

Figura 3: Crônica "Diálogo entre a ilusão e a realidade"

18 — IV — 1935 O MALHO

DIALOGO entre a ILUSÃO e a REALIDADE

HENRIQUETA LISBOA

— Tu não comprehendes, Realidade... Eu quiz ser doce porque sabia que era ephemero o meu estagio naquelle coração experiente... Sabia que logo os seus olhos, habituados á distancia, desvendariam a teia fragil de sonho que as minhas palavras tramavam dentro da sombra, como um aranhol de estrellas na escuridão nocturna... Sabia que tu, implacavel, egual a uma lufada de vento do inverno, voltarias á lareira, empunhando o teu rebenque frigido, para apagar a chamma que minhas mãos compassivas acabavam de accender no solitario aposento...

— E agora que elle soffre mais, que seus olhos se ennublam de lagrimas raivosas, vendo esparsas no chão as folhas das arvores sob cuja rama se agasalhou, sentindo mais densa a noite e mais ampla a solitude, deverias ao menos ter remorso de lhe haveres obliterado a visão!

— Remorso não, Realidade... Dei-lhe tudo quanto de lindo poderia dar-lhe... E a minha ternura, foi talvez o mais delicado presente que recebeu na vida... Remorso, não. Olha-o bem: acorda agora, esquecido sobre os joelhos o livro aberto, sorris num extase longinquo, assim como se continuasse a sonhar um sonho interrompido... Confessa que te ennerva o meu prestigio a invadir teus dominios, que não perdoas a minha volatilidade a fazer ciranda sobre os teus lagos immotos...

— Enganas-te, Illusão! Aliás, tudo é engano em ti. Tudo em ti é ficção, miragem, brilho de lantejoulas, musica de guisos, esteira de gondolas que se afastam, reflexos de arco-iris na tarde que morre... Que vales tu em relação á minha verdade, perfeita e nitida como as estatuas de marmore e bronze, que, desafiam a eternidade?

— E dizer que és mulher! Que falta de imaginação, que insensibilidade, que rudeza de attitudes!

— E' possivel que conheças melhor o segredo da seducção, talvez elle te prefira um momento porque sabes imitar o vôo da maripoca contra a vidraça illuminada, mas ao cahir das horas elle comprehenderá que sou eu a esposa fiel, que sou eu a velar pela tranquillidade do seu somno e pela s e g u r a n ç a do dia seguinte.

— Mas se o amas, por que não lhe acaricias a cabeça fatigada de pensamentos, por que não lhe povoas o ambiente com teu canto e não te perfumas de alma para consolal-o? Vejo-te sempre magestosa e austera numa expressão de intransigencia, á semelhança da morte que espreita a sua victima...

— Nosso amor é mais grave do que pensas. Não tem necessidade de gestos superfluos e expressões passageiras. E' um pacto firmado no mais intimo dos nossos seres. Desde o dia em que elle se perdeu na estrada, pela primeira vez, e o tomei pela mão a dois passos do abysmo, elle me fez um juramento: "Só tu serás o meu amor de hoje em deante, Realidade!"

— Comtudo, quantas vezes elle se tem deixado levar por mim?...

— E' que não tens consciencia, nem fazes distincção entre o bem e o mal, perturbadora de corações!

— Tu o disseste: perturbadora de corações. Mas não sentes que é isto o que querem os homens, inquietude, tumulto, clamor, pulsação, vida? Quando elles dizem: "Quero viver, preciso viver emquanto é tempo", é como se dissessem: "Quero evadir-me da vida, crear o que não se percebe, preencher as lacunas da existencia, illudir-me, libertar-me do peso da realidade!"

— Como se tu, prisioneira das tuas proprias mentiras, pudesses libertar quem quer que fosse...

— Infelizmente não posso, tens razão. Tens razão. Mas coração, quem o tem sou eu! E faria tão felizes os homens se elles não fossem mordidos pelo desejo de tudo aprofundar, dissecar, destruir para conhecer...

CORTEZ

29

Fonte: *O Malho*, Rio de Janeiro, n. 42, p. 98, 18 abr. 1935 (Fundação Casa de Rui Barbosa).

Em "Diálogo entre a ilusão e a realidade" (Figura 3), o que salta aos olhos em um primeiro relance é a ilustração em cores fortes de Cortêz, em que dois rostos femininos de cabelos loiros se posicionam atrás de uma figura masculina cabisbaixa. No texto, Henriqueta se mantém fiel ao seu estilo de crônica lírica, mas desta vez elabora um discurso dialógico em que substantivos abstratos – a ilusão e a realidade – se tornam personagens de um embate verbal que parece ser travado na mente de uma única pessoa. Partindo de uma decepção amorosa, cada interlocutor tenta defender e justificar suas atitudes, sentimentos e pontos de vista: a Ilusão se lamenta, enquanto a Realidade lhe apresenta seus erros e enganos.

> - Tu não compreendes, Realidade... Eu quis ser doce porque sabia que era efêmero o meu estágio naquele coração experiente... Sabia que logo os seus olhos, habituados à distância, desvendariam a teia frágil de sonho que as minhas palavras tramavam dentro da sombra, como um aranhol de estrelas na escuridão noturna... Sabia que tu, implacável, igual a uma lufada de vento do inverno, voltarias à lareira, empunhando o teu rebenque frígido, para apagar a chama que minhas mãos compassivas acabavam de acender no solitário aposento...
> - E agora que ele sofre mais, que seus olhos se enublam de lágrimas raivosas, vendo esparsas no chão as folhas das árvores sob cuja rama se agasalhou, sentindo mais densa a noite e mais ampla a solitude, deveria ao menos ter remorso de lhe haveres obliterado a visão![17]

17 LISBOA, Henriqueta. Diálogo entre a ilusão e a realidade. *O Malho*, Rio de Janeiro, n. 42, p. 98, 18 abr. 1935. Fundação Casa de Rui Barbosa.

Por trás do aparente tema simplório, é possível distinguir nessa crônica traços da poesia de Henriqueta, sobretudo aquela praticada à época. A começar pela construção poética dos diálogos, que em nada lembra a fala coloquial, de "conversa fiada", dos cronistas consagrados, passando pelo imagético da noite, da sombra e da solidão, os diálogos bem poderiam ter sido ensaiados como motivos para os poemas de *Velário* (1936) e *Prisioneira da noite* (1941).

Pensando a literatura: a crítica

As colaborações de Henriqueta Lisboa na imprensa periódica não se resumem, entretanto, a poemas e crônicas. É nas páginas dos jornais que uma faceta significativa de sua trajetória como escritora começa a despontar ainda na década de 1930: a de crítica literária. Embora só tenha publicado seu primeiro livro de ensaios, *Alphonsus de Guimaraens*, em 1945, os fragmentos demonstram que a escritora se dedicava a essa prática desde os primórdios de sua carreira.

Figura 4: Artigo "Musa hispano-americana"

Revista da Semana — 32 — 20 de Outubro de 1934

MUSA HISPANO-AMERICANA : :

PÓDE orgulhar-se a America Hespanhola de possuir, no terreno da poesia, vozes femininas verdadeiramente bellas e inspiradas, nesta hora de tão grande desharmonia universal. Creio mesmo que esta desharmonia egualitaria e violenta, invadindo todos os sectores e arrastando na sua caudal as mais antigas conquistas de qualidade, quer dizer de caracter, é que intensifica o desejo de um rythmo superior e total, que restabeleça o perdido equilibrio e satisfaça a necessidade de paz e belleza do coração humano, dentro de uma hierarchia de valores. Por certo que houve em todos os tempos esta ansiedade e esta procura, proprias á condição do homem, que na terra jamais encontrará o seu ponto de apoio definitivo. As gerações do seculo vinte, comtudo, com as transformações de ordem social, com a infiltração da psychologia scientifica e com a vaga do utilitarismo moderno, hão de soffrer, forçosamente, maior tortura interior, maior incerteza de todas as cousas. Si não as gerações em massa, pelo menos as suas mais representativas personalidades. O problema da mulher de hoje, particularmente dadas as suas caracteristicas de delicadeza e fragilidade, em contraste com os horizontes subitamente abertos pelas reivindicações femininas, apresenta difficuldades multiplas, que só o tempo solucionará. Talvez para compensar o que perdeu em feminilidade, atirando-se ou sendo atirada á lucta, quando ainda os homens não comprehendem claramente seus ideaes, levanta a voz em canticos novos, poetizando a vida. Umas, ou pela illusão de uma força que não existe ou pela sensação da altura que gera a vertigem, criam verdadeiras tragedias intimas, levando aos outros corações o contagioso desespero. E' a paixão da materia, o deslumbramento da liberdade, o cáos introspectivo. Está neste caso Delmira Agustini, excelsa poetisa uruguaya, autora de "El libro blanco" (1909), "Cantos de la mañana" (1911), "Los calices vacios" (1913), "Los astros del abismo" (1914), este publicado depois de sua morte tragica.

Eis como a define Juan Parra de Riego, um de seus criticos mais argutos: "Una mistica que no le declaró a la carne la guerra legendaria de arcángeles y ascetas, sino que vió en ella un camino del espiritu".

Preparou assim o seu proprio soffrimento, imprimindo aos seus cantos nocturnos e tempestuosos um cunho de originalidade impressionante. Dir-se-ia, na apparencia, que ella tinha prazer em turvar a agua que lhe matava a sede. No fundo, os gestos desordenados se explicam pelo desgosto, pela amargura de saber antecipadamente que aquella agua não lhe mataria a sede. O desejo do impossivel, que resume toda a sua arte marcada de imagens febris, concretiza-se num soneto — "Lo inefable" — que se destaca no campo da poesia uruguaya, como uma bandeira desfraldada no limiar do infinito:

Lo inefable

Yo muero extrañamente... No me mata la Vida,
no me mata la Muerte, no me mata el Amor;
muero de un pensamiento mudo como una herida...
No habeis sentido nunca el extraño dolor

de un pensamiento inmenso que se arraiga en la vida
devorando alma y carne y no alcanza a dar flor?
Nunca llevasteis dentro una estrella dormida
que os abrasava enteros y no daba un fulgor?...

Cumbre de los Martirios!... Llevar eternamente,
desgarradora y arida la trágica simiente
clavada en las entrañas como un diente feroz!

Pero arrancarla un dia en una flor que abriera
milagrosa, inviolable!... Ah, más grande no fuera
tener entre las manos la cabeza de Dios!!

Outro aspecto, bem diverso, offerece a poesia de Gabriela Mistral, eminente professora chilena que com seu livro "Desolación" conquistou a admiração intellectual da America do Sul. Diz a seu respeito Manuel de Montoliu: — "Es uno de esos poetas que llevan un mundo interior inmenso y profundo, que les dicta espontaneamente la ley de la belleza externa de sus creaciones y en los cuales la fantasia, el pensamiento, la sensibilidad fisica y espiritual forman una sola y misma cosa con la emoción, siempre palpitante, de vivir en medio de un misterio sagrado."

Só esta unidade interior, esta harmonia integral da inspiração e da consciencia poderiam, de facto, explicar o sentido de sua obra artistica, impregnada de ternura humana e illuminada de mysticismo. Com que serena altivez ella poude exclamar:

Creo en mi corazón siempre vertido
pero nunca vaciado.

— Alfonsina Storni, argentina, autora de varios livros de versos — "La inquietud del rosal", "El dulce daño", "Irremediablemente" e "Languidez", constitue um exemplo interessante pela impetuosidade de seu temperamento e pela variabilidade de seus motivos poeticos. Tarefa difficil seria a de classificar a quem se embriaga com uma gotta de vinho... Superficial ou profunda? Sentimental ou ironica? Lyrica ou realista? Tudo isso a um tempo. Quer dizer: humana. Mais do que isto: mulher. Nada exprime com mais encanto a sua alma do que aquelle "Capricho" tão conhecido das platéas que applaudiram Berta Singerman. Tambem o soneto que vae ser transcripto é eloquente, não apenas para o seu juizo, como para a elucidação do que dissemos acerca do estado da alma feminina:

Pudiera ser...

Pudiera ser que todo lo que en verso he sentido
no fuera más que aquello que nunca pudo ser,
no fuera más que algo vedado y reprimido
de familia en familia, de mujer en mujer.

Dicen que en los solares de mi gente, medido
estaba todo aquello que se debia hacer...
Dicen que silenciosas las mujeres han sido
de mi casa materna... Ah, bien pudiera ser!

A veces en mi madre apuntaron antojos
de liberarse, pero se le subió a los ojos
una honda amargura, y en la sombra lloró!

Y todo eso mordiente, vencido, mutilado,
todo ese que se hallaba en su alma encerrado,
pienso, que sin quererlo, lo he libertado yo.

— Maria Eugenia Vaz Ferreira, uruguaya, ha pouco fallecida, e cujas composições espalhadas em revistas foram seleccionadas e publicadas em volume postumo, com o titulo de "La isla de los canticos", alma solitaria e pensativa, tinha a convicção de que nada existe na natureza ou na vida sem um motivo transcendente. Para ella, portanto, o universo não podia ser representado senão de modo grandioso. E' desta nobreza mesma que se reveste a sua arte, povoada de herões e de estandartes. Dirigir-se á essencia das cousas deve ter sido o seu ideal.

— Tambem uruguaya é Juana de Ibarbourou, autora de "Las lenguas de diamante", "El cantaro fresco" e "Raiz salvaje". Musa delicada e sensual, amorosa da terra e do amor, por instincto e adivinhação da belleza pagã, canta deliciosamente pela alegria de cantar, sem ansias metaphysicas nem devaneios complexos.

— Mais alguns nomes illustres, entre os quaes os de Luisa Luisi, Maria Alicia Domingues e Margarita Abella Caprile, completam o quadro de honra da poesia feminina hispano-americana.

Henriqueta Lisboa

Fonte: *Revista da Semana*, p. 32, 20 out. 1934 (Hemeroteca Digital).

Alphonsus de Guimaraens foi, sem dúvida, o poeta mais importante na formação de Henriqueta – e a quem ela dedicou um estudo crítico em um livro inteiro, além de artigos. A autora ainda viria a escrever sobre vários outros poetas – homens – como Cruz e Souza, Fagundes Varela, Álvares de Azevedo e o mexicano Alfonso Reyes. Mas é de se ressaltar que tenha voltado o seu olhar também para a poesia de autoria feminina, trazendo à baila nomes de mulheres contemporâneas – sobretudo as latino-americanas – pouco conhecidas ou mesmo completamente desconhecidas no Brasil.

Nesse sentido, destaca-se o artigo "Musa hispano-americana", publicado na *Revista da Semana* (RJ), em 20 de outubro de 1934 (Figura 4). Trata-se de um dos primeiros textos críticos de Henriqueta, 11 anos antes de seu primeiro livro sobre Alphonsus de Guimaraens (1945) e 21 anos antes de *Convívio poético* (1955).

Nele, a crítica procura revelar vozes femininas que ela considerava "verdadeiramente belas e inspiradas"[18]: as uruguaias Delmira Agustini (1886-1914), Maria Eugênia Vaz Ferreira (1875-1924) e Juana de Ibarbourou (1895-1979); a chilena Gabriela Mistral (1888-1957); e a argentina Alfonsina Storni (1892-1938). Também são citadas, com menor ênfase, as poetas Luisa Luisi (1883-1940), María Alicia Domínguez (1904-1988) e Margarita Abella Caprille (1901-1960), como "nomes ilustres" "no quadro de honra da poesia feminina hispano-americana".[19]

Seriam essas poetas representativas da "musa hispano-americana" citada no título do artigo? "Musa" nos remete às entidades femininas da mitologia grega a quem era atribuída a capacidade de inspirar a criação nas artes e nas ciências. Recorrente no imaginário do Romantismo, o termo também foi utilizado em referência à mulher bela que inspirava e despertava o amor, significado que aparece em alguns poemas de Henriqueta, escritos no mesmo período em que publica esse artigo (NEVES, 2014, p. 151). A "musa" seria assim a mulher ideal e inspiradora, que se encontra no plano do sublime, superior ao dos "mortais".

O texto se inicia apresentando uma reflexão sobre o momento histórico por que passava, o turbulento período entre-

---

18 LISBOA, Henriqueta. *Revista da Semana*, Rio de Janeiro, p. 32, 20 out. 1934.

19 *Idem*.

guerras do século XX, e a necessidade de se estabelecer uma compensação por meio da beleza e da arte:

> Pode orgulhar-se a América Espanhola de possuir, no terreno da poesia, vozes femininas verdadeiramente belas e inspiradas, nesta hora de tão grande desarmonia universal. Creio mesmo que esta desarmonia igualitária e violenta, invadindo todos os setores e arrastando na sua cauda as mais antigas conquistas de qualidade, quer dizer de caráter, é que intensifica o desejo de um ritmo superior e total, que restabeleça o perdido equilíbrio e satisfaça a necessidade de paz e beleza do coração humano dentro de uma hierarquia de valores.[20]

A seguir, expõe uma reflexão crítica sobre as condições difíceis enfrentadas pela mulher diante da postura assumida pelo masculino na sociedade:

> O problema da mulher de hoje, particularmente dadas as suas características de delicadeza e fragilidade, em contraste com os horizontes subitamente abertos pelas reivindicações femininas apresenta dificuldades múltiplas, que só o tempo solucionará. Talvez para compensar o que perdeu em feminilidade, atirando-se ou sendo atirada à luta, quando ainda os homens não compreendem claramente seus ideais, levanta a voz em cânticos novos, poetizando a vida.[21]

Na sequência, Henriqueta mergulha na poesia das poetas mencionadas, reproduzindo, inclusive, seus versos mais

---

20 *Idem.*

21 *Idem.*

significativos para tecer comentários a respeito, respaldando a sua leitura em outros críticos de literatura hispano-americana. Nada muito diferente do que se pratica atualmente nos artigos acadêmicos.

É de se ressaltar que o artigo "Musa hispano-americana" nunca viria a ser selecionado pela autora para posterior publicação em livro, permanecendo nos arquivos de periódicos até os dias de hoje, mas tem o mérito do pioneirismo ao apresentar aos leitores brasileiros a poesia de mulheres latino-americanas que jamais seriam abordadas por outros críticos em sua época. Embora seja um estudo crítico preliminar, é notável que tenha antecipado ensaios publicados por Henriqueta 20 anos depois em *Convívio poético*, quando ela se deteve em apenas três nomes: Cecília Meireles, Alfonsina Storni e Gabriela Mistral. Chamamos atenção ainda para o fato de que Henriqueta só se tornaria professora de Literatura Hispano-Americana e Literatura Brasileira na Faculdade de Filosofia, Ciências e Letras Santa Maria em 1945, o que demonstra o seu esforço, desde a década anterior, em se manter atualizada teórica e criticamente em relação à literatura de suas e seus contemporâneos.

Além de "Musa hispano-americana" (1934), é possível encontrar textos de autoria de Henriqueta sobre literatura, teatro, artes plásticas e música na imprensa até a década de 1980. Trata-se, portanto, de uma atividade que ela exerceu ao longo de toda a vida.

Em carta endereçada a Mário de Andrade, em 31 de dezembro de 1939, a escritora revela a sua visão sobre o que deve ser o trabalho da crítica: "Sempre pensei que a missão do crítico fosse, acima de tudo, orientar, desbravar caminhos, adivinhar possiblidades. Não apenas explicar para o público, testemunhar compreensão, dar notas ao cabo de exames" (LISBOA *apud* SOUZA, 2010, p. 78). Coerentes com essa afirmativa, os artigos de crítica literária (e outras artes) de Henriqueta publicados em periódicos seguem à risca o que a escritora professava.

Ainda em *O Malho*, Henriqueta escreve um artigo em homenagem a José de Anchieta ("O nosso Anchieta"[22]), publicado na capa da revista, em edição especial sobre o padre jesuíta, dramaturgo e poeta; uma resenha crítica de *A colina sagrada* (1913), do escritor francês Maurice Barrès[23], em que compartilha suas impressões sobre o romance; e, ainda, um ensaio sobre o teatro de Pirandello[24] (Figura 5), principiando o texto com uma citação do historiador e crítico literário francês Gustave Lanson.

---

22 LISBOA, Henriqueta. O nosso Anchieta. *O Malho*, Rio de Janeiro, n. 42, [s.p.], 1934. Fundação Casa de Rui Barbosa.

23 LISBOA, Henriqueta. A obra-prima de Barrès. *O Malho*, Rio de Janeiro, n. 58, [s.p.], 12 jul. 1934. Fundação Casa de Rui Barbosa.

24 LISBOA, Henriqueta. Pirandello em scena. *O Malho*, Rio de Janeiro, n. 79, [s.p.], 1934. Fundação Casa de Rui Barbosa.

Figura 5: Crítica sobre Pirandello

O Malho

PIRANDELLO *em scena*

HENRIQUETA LISBOA

— "Les révolutions au théâtre sont toujours lentes et difficiles"; assevera Gustave Lanson, com a sua experiencia erudita — "c'est le genre où la tradition, les habitudes, la routine, si vous voulez, ont le plus de puissance". O nosso bravo Pirandello não toma conhecimento deste poder; elle sabe sobrepor-se à tradição, reprimir os habitos, desprezar a rotina e assim, fazendo das difficuldades alludidas um innocente brinquedo, passar adeante do tempo. Typo *sportman* seculo vinte, este ancião de barbas brancas e physionomia doce, cuja intelligencia está presente nos pequenos olhos agudos, este ancião que tem certo ar de coruja sem ser absolutamente feio, não gosta de andar pelo caminho dos outros e, quando alguem ensaia seguir-lhe os passos, elle já está longe, dormindo sobre os louros. Dormindo, digo mal, madrugando para o dia seguinte, porque quanto a dormir, elle terá bastante tempo depois do ultimo acto.

Por ora é preciso destruir, construindo. Ahi é que está: a destruição do que já não serve, succede, naturalmente, à construcção da nova obra. Elle não andou dizendo que era preciso reformar o theatro: reformou-o.

E nem siquer se utilizou de materiaes usados.

Transportou a logica para além dos limites das possibilidades existentes, desdenhou abertamente os quadros allegoricos, os arranjos da rhetorica, as hypocrisias perfumadas, tão amaveis aos burguezes, que vão ao theatro como fumam seus Havanas, para passar o tempo, e de lá voltam indignados quando não comprehendem que uma mulher possa ser duas e que dois homens possam ser um só... A vida verdadeira, despida de suas apparencias exteriores, arrancada às suas proprias raizes, interpretada nos seus gestos mais esquivos, minuciosamente analysada nos seus porques mais vagos, a vida introspectiva, a vida pelo avesso, emfim, é o que representa a obra pirandelliana.

Parece-me que as suas creaturas, dissociadas na propria unidade, apresentando um complexo tão afflictivo de estados de alma, são espectros cerebraes em lucta para attingir o homem moral, pois só este pode ser um e, portanto, perfeito. Mas a questão é que o mundo, imperfeito, reflecte-se tambem no homem. O ambiente, modificando-se, tende a modifical-o. De modo que a confusão interior torna-se mais intensa, a duvida do ser ou do não ser é o drama de todas as horas.

Desencadeia-se a lucta encarniçada do homem com a sua consciencia quando esta o accusa, e elle não quer reconhecer suas faltas. Em geral, as personagens do escriptor siciliano são de intelligencia superior, e mesmo as que não têm ideias conseguem suggeril-as, através das resonancias da sensibilidade e dos impulsos da vontade. Interessante é notar, por exemplo, que os mais timidos são os mais capazes de actos atrevidos nos momentos supremos, talvez pela força armazenada no subconsciente, e os audaciosos costumeiros, quando menos se espera, desfibram-se. Ha sem duvida uma especie de lucidez prophetica na loucura, uma aura de visionamento, intangivel e sagrado, nas palavras dos que perderam o equilibrio mental na dor. Donn'Anna Luna, protagonista da tragedia "La vita che ti diedi" (tragedia de impressionante belleza) talvez seja insensata quando affirma que o filho não morreu porque vive na sua memoria, mas que foi ella, sim, que morreu para o filho:

"per noi piangiamo; perchè chi muore non può più dare nessuna vita a noi"... "Mi sono accorta bene che la vita non dipende da un corpo che ci stia o non ci stia davanti agli occhi"... Il sogno è vita, ecco!"

Talvez seja insensata Donn'Anna Luna, mas o facto é que suas palavras são convincentes, seu raciocinio é luminoso e, então, somos insensatos com ella, vamos arrastados por ella às regiões do impenetravel.

E' assim o theatro deste admiravel escriptor que acaba de conquistar o premio Nobel da Literatura e que aqui esteve — cedo demais para nós — à frente de sua companhia dramatica, alguns annos atraz.

Tive a felicidade de assistir à representação de suas peças. (Tão poucas pessoas a tiveram!) E ainda hoje me sacode os nervos a emoção de recordar, de reviver aquelles momentos de esplendor intellectual.

Creação e interpretação era tudo uma cousa unica, pura, nitida. Pirandello realizou um theatro, emfim. Um tanto arido, enormemente inquietante porque nos faz a nós uma serie de perguntas, porque nos apaixona o espirito, porque depois que acaba principia a viver em nós... Theatro pujante, directo, viril, dominador, eterno, como a duvida humana.

Fonte: *O Malho*, Rio de Janeiro, n. 79, [s.p.], 1934 (Fundação Casa de Rui Barbosa).

Com a mudança de Henriqueta para Belo Horizonte, em 1935, a escritora se volta mais aos periódicos mineiros, como *Diário de Minas* e *Folha de Minas*, sem contudo abandonar completamente a imprensa carioca. As críticas que enfocavam determinados autores, como Auta de Souza[25], Gabriela Mistral[26] e Alfonso Reyes[27], se tornam uma marca de sua atuação nos periódicos, embora continuasse a publicar também, eventualmente, poemas de sua autoria e artigos que pensam a literatura de uma maneira ampla.

É pertinente lembrar que, antes mesmo da polarização entre críticos jornalistas e professores universitários ocorrida nas décadas de 1940 e 1950 no Brasil, Henriqueta já exercia uma escrita ensaística nos jornais, ao lado dos mais diversos nomes. Como forma de se aproximar de um público leitor mais abrangente e promover o debate, diversos intelectuais – de Antonio Candido a Mário de Andrade, passando por Otto Maria Carpeaux, Tristão de Ataíde e Sérgio Buarque de Holanda – disputavam o espaço da imprensa periódica com críticos jornalistas: "De um lado, os antigos 'homens de letras', que se creem 'a consciência de todos', defensores do impressionismo, do autodidatismo, da *review* como exibição de estilo, 'aventura da personalidade'", distingue Flora Süssekind (1993, p. 15). "De outro, uma geração de críticos formados pelas faculdades de Filosofia do Rio de Janeiro e de São Paulo (...), interessados na especialização, na crítica ao personalismo, na pesquisa aca-

25 LISBOA, Henriqueta. Ao luar: Auta de Souza. *Diário de Minas*, Belo Horizonte, 4 set. 1949.

26 LISBOA, Henriqueta. Gabriela Mistral. *O Diário*, Belo Horizonte, p. 4, 13 jan. 1957.

27 LISBOA, Henriqueta. Alfonso Reyes, ensaísta e poeta. *Estado de Minas*, Belo Horizonte, 30 jul. 1963.

dêmica" (p. 15). Aos poucos, a figura do "crítico enciclopédico e impressionista" era substituída pela do crítico "professor universitário, com seu jargão próprio e uma crença inabalável no papel 'modernizador' que poderia exercer no campo dos estudos literários" (1993, p. 20).

Não se pode afirmar que Henriqueta Lisboa – ela própria professora do magistério superior – tenha elaborado críticas impressionistas na década de 1930, já que, conforme apontamos, seus textos frequentemente dialogavam com teóricos e outros críticos, antecipando o que a crítica universitária pregaria anos mais tarde. E, seja pelas exigências cada vez maiores por uma crítica teoricamente embasada, seja por um amadurecimento intelectual da escritora, nos decênios de 1950 e 1960, observamos que os ensaios da escritora na imprensa periódica se tornam mais aprofundados.

As colaborações de Henriqueta no suplemento literário de *O Estado de S. Paulo* e no *Suplemento Literário Minas Gerais* trazem estudos sobre autores como Mário de Sá-Carneiro[28], Abgar Renault[29], Alphonsus de Guimaraens[30], Cecília Meireles[31], Camilo Pessanha[32], M. Cavalcanti Proença[33] e

---

28 LISBOA, Henriqueta. Mário de Sá-Carneiro. *O Estado de S. Paulo*, Suplemento Literário, São Paulo, n. 623, p. 5, 3 maio 1969.

29 LISBOA, Henriqueta. A poesia de Abgar Renault. *O Estado de S. Paulo*, Suplemento Literário, São Paulo, n. 633, p. 1, 12 jul. 1969.

30 LISBOA, Henriqueta. A poesia de Alphonsus Guimaraens. *Suplemento Literário Minas Gerais*, Belo Horizonte, p. 10-11, 2 jan. 1971.

31 LISBOA, Henriqueta. Cecília Meireles. *Suplemento Literário Minas Gerais*, Belo Horizonte, p. 1, 12 ago. 1967.

32 LISBOA, Henriqueta. O poeta Camilo Pessanha. *Suplemento Literário Minas Gerais*, Belo Horizonte, p. 2-3, 9 set. 1967.

33 LISBOA, Henriqueta. À margem do manuscrito holandês. *O Es-*

Mário de Andrade[34], entre muitos outros, sendo que alguns desses textos seriam posteriormente selecionados pela autora para publicação em seus livros de ensaios.

A mobilidade linguística: traduções

Além de poeta, ensaísta e crítica, Henriqueta Lisboa se dedicou ainda a uma intensa atividade tradutória de poesia nas línguas italiana, alemã, espanhola e inglesa. Entre os poetas eleitos por ela, destacam-se Giacomo Leopardi, Friedrich Schiller, Delmira Agustini e Henry W. Longfellow, mas, sem dúvida, aqueles a quem devotou maior número de traduções foram a chilena Gabriela Mistral e o italiano Dante Alighieri.

Em carta de Carlos Drummond de Andrade a Henriqueta, datada de 18 de janeiro de 1966, o poeta elogiava as traduções dela de alguns cantos do "Purgatório", da *Divina comédia* de Dante, mas também protestava:

> Você nos proporcionou a todos uma nobre emoção, ao comentar e traduzir Dante da maneira como o fez. Que arte segura, sensível às mais sutis criações do pensamento poético original, e engenhosa no achar-lhes peregrina correspondência vernácula! É de deixar a gente morrendo de inveja, uma feliz e santa inveja, que traduz o máximo de admiração.
>
> Mas provoca também um sentimento de queixa: pois quem se mostra capaz de transpor de forma tão dig-

---

tado de S. Paulo, Suplemento Literário, São Paulo, n. 175, p. 4, 26 mar. 1960.

34 LISBOA, Henriqueta. Pensamento e poesia de Mário de Andrade. *O Estado de S. Paulo*, Suplemento Literário, São Paulo, n. 179, p. 4, 30 abr. 1960.

> na a poesia de Dante não pode limitar-se à versão de algumas páginas do *Purgatório* e de um soneto da *Vita nuova*. Fica-se com direito de reclamar de você o esforço pleno, para orgulho de nossas letras e resgate de uma dívida desta parte da latinidade. A íntegra da *Divina comédia* continua esperando um tradutor literário que seja um verdadeiro poeta. Eu tinha esperança de que o Dante Milano, por força do nome, do sangue e do talento criador, fizesse esse trabalho.
>
> Não fez. Agora sinto que é você o poeta chamado para a imensa tarefa. Você, de ombros frágeis e delicados, mas tão forte! (DRUMMOND *apud* DUARTE, 2003, p. 35).

Henriqueta relata em *O meu Dante* (LISBOA, [1965] 2020) que seu primeiro contato com "um certo preâmbulo dantesco" foi ainda criança, por meio dos imigrantes italianos que chegavam a Lambari (MG), sua cidade natal, e descreviam as "chamas eternas" do inferno. Na adolescência, ela descobriria uma tradução da obra na biblioteca de seu pai, mas não lograria ler, por conta da dificuldade imposta pelas inversões sintáticas e estilísticas dos textos. Por fim, após ter estudado a língua italiana, ela retornaria aos cantos de Dante e, com o auxílio de uma tradução de Machado de Assis e outra, em espanhol, de Bartolomeu Mitre, conseguiria afinal compreender a obra, apaixonando-se em especial pelo "Purgatório", considerado por ela o clímax da *Divina comédia*.

Traduz, então, dez cantos do "Purgatório"[35], que seriam publicados no Caderno n. 7, de 1969, do Instituto Cultural

35 Após a morte de Henriqueta, foram descobertos em seu acervo traduções de mais quatro cantos do "Purgatório" da *Divina comédia* e de três sonetos da *Vita nuova* (MARQUES, 2004, p. 209). Note-se que, em sua carta, Drummond faz referência a um desses sonetos.

Ítalo-Brasileiro de São Paulo, com o título *Henriqueta Lisboa – "Cantos de Dante": Traduções do "Purgatório"*.

Entretanto, o trabalho começaria quatro anos antes. Sabe-se que, por ocasião das comemorações dos setecentos anos da *Divina comédia*, em 1965, a poeta recitou para o público presente no Instituto Cultural Ítalo-Brasileiro[36] as traduções de três cantos do "Purgatório", como revela ao final de seu depoimento: "A fim de avivar minhas impressões, reli este mês, depois de longo tempo, várias passagens do grande livro. Senti-me de tal maneira enlevada que não me pude recusar ao impulso de traduzir-lhe algumas páginas cujas primícias vos ofereço: o 'Proêmio do Purgatório' na íntegra, o 'Canto XXVIII', *idem*, e o final do 'XXVII', ou seja, a despedida de Virgílio" (LISBOA, [1965] 2020, p. 43).

Em nova correspondência, desta vez em 25 de janeiro de 1970, Drummond volta a cobrar de Henriqueta que complete a tradução da *Divina comédia* e deixa transparecer que conhecera os cantos do "Purgatório" no depoimento de *O meu Dante* (1965). "Com muito agrado notei, de saída, que o leve ensaio de tradução de *O meu Dante* ganhou proporções bem amplas no volume publicado há pouco [em 1969]: onze cantos exemplarmente 'vividos' em português, que beleza! E o verso inaugural do Canto I, que já era bom, ficou ótimo com a modificação feita. Mais uma vez me curvo ante o seu verso poético infalível e agudíssimo" (DRUMMOND *apud* DUARTE, 2003, p. 85).

Voltemos, pois, aos periódicos: vimos que muitos dos poemas, ensaios e artigos encontrados nos livros da escritora

36 Depoimento publicado no volume *O meu Dante: contribuições e depoimentos*. Caderno n. 5. São Paulo: Instituto Cultural Ítalo-Brasileiro, 1965.

foram publicados primeiramente em jornais e revistas. Com algumas de suas traduções não foi diferente. E serão exatamente os mesmos cantos do "Purgatório" (I, XXVIII e XXVII) recitados em *O meu Dante*, no evento do Instituto Cultural Ítalo-Brasileiro, que puderam ser conhecidos, ainda em 1965, pelos leitores de uma edição especial do suplemento literário de *O Estado de S. Paulo* (Figura 6) em homenagem ao poeta, em páginas belamente ilustradas com imagens dos pintores italianos Pericle Fazzini, Alberto Ziveri e Domenico Purificato.

Figura 6: Traduções da "Divina Comédia"

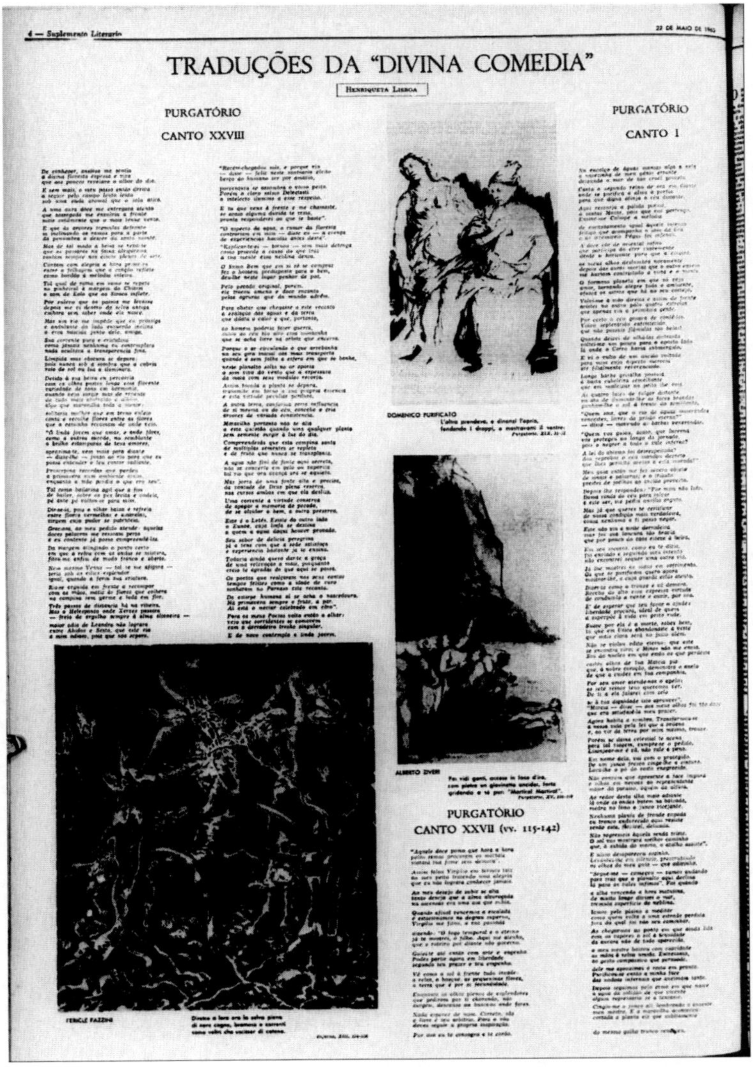

4 — Suplemento Literário

22 DE MAIO DE 1965

TRADUÇÕES DA "DIVINA COMEDIA"

HENRIQUETA LISBOA

PURGATÓRIO

CANTO XXVIII

PURGATÓRIO

CANTO I

DOMENICO PURIFICATO

ALBERTO ZIVERI

PURGATÓRIO

CANTO XXVII (vv. 115-142)

PERICLE FAZZINI

Fonte: Suplemento literário de *O Estado de S. Paulo*, São Paulo, n. 430, p. 4, 22 maio 1965.

A imprensa periódica seria um dos primeiros espaços a acolher as traduções de Henriqueta também de outros poetas. Do italiano, ela traduziu Giuseppe Ungaretti e Cesare Pavese, ambos em *O Estado de S. Paulo*, em 5 de julho de 1969 e 8 de agosto de 1970, respectivamente. Do espanhol, poemas da poeta uruguaia Delmira Agustina aparecem em *O Estado de Minas*, de 9 de outubro de 1986 (após a morte de Henriqueta, portanto).

A atividade tradutória de Henriqueta é tida por Reinaldo Marques (2004, p. 207) como resultado de sua mobilidade linguística, que testemunharia a presença na poeta de "uma profunda atenção ao outro, à alteridade, ao diferente". Nesse sentido, Marques recorre à teoria benjaminiana para refletir sobre o processo salvador da tradução. "Pode-se dizer que a tradução garante ao original uma sobrevida histórica, ao transportá-lo para outra língua e cultura" (MARQUES, 2020, p. 15), resume.

Por intermédio do ofício de tradutora, Henriqueta Lisboa garantiu uma sobrevida aos originais não apenas com a publicação em livros, mas, por que não dizer, em periódicos. Afinal, ainda que efêmeras, as publicações dessas traduções nos jornais alcançavam um público heterogêneo que poderia abarcar do iniciante em estudos literários a Carlos Drummond de Andrade.

Considerações finais

A variedade de gêneros literários praticados por Henriqueta Lisboa ao longo de sua trajetória como escritora se reflete em sua atuação na imprensa periódica. Ao explorar os arquivos de jornais e revistas brasileiros entre as décadas de 1920 e 1980, verificamos que poesia, crítica e tradução – a tríade consolidada em volumes de suas obras completas – estão presentes, em maior ou menor quantidade, também nas páginas desses veículos.

Há, entretanto, um gênero à parte, exercitado por Henriqueta exclusivamente em periódicos: a crônica. Ao contrário do que faria com muitos de seus poemas, resenhas críticas e traduções, a escritora jamais viria a publicar esses textos em livros, relegando-os ao esquecimento. Teria Henriqueta compartilhado com Antonio Candido (1992) a perspectiva da crônica como "gênero menor"?

Ora, mas se o jornal é de fato "essa publicação efêmera que se compra num dia e no dia seguinte é usada para embrulhar um par de sapatos ou forrar o chão da cozinha" (CANDIDO, 1992, p. 14), qual o sentido de se empreender tantos esforços na elaboração desses textos? Uma resposta possível para essa pergunta é que está na transitoriedade da imprensa justamente o seu apelo. Ao escrever para jornais e revistas, Henriqueta pôde experimentar os diferentes gêneros e ensaiar – sem grandes pretensões naquele momento – o que posteriormente poderia vir a ser aprimorado para a publicação definitiva, em livro.

Mas não é só. Por alcançar um público mais amplo e variado, os periódicos permitiram que Henriqueta reunisse expressão e comunicação, intuição e pensamento lógico, para se aproximar daquele "leitor comum" a que se refere Virginia Woolf, que "lê para seu próprio prazer muito mais do que para repartir conhecimento ou corrigir opiniões alheias (WOOLF, 2007, p. 11).

Assim, ao transladar sua poesia – e a poesia de Dante, Ungaretti, Pavese – do livro para um veículo reconhecidamente efêmero e popular, Henriqueta promove a "perda da aura" da obra de arte (BENJAMIN, 2018), tornando-a acessível a leitores antes inimagináveis.

Pedindo licença a Henriqueta, tomamos de empréstimo a sua definição de poesia (LISBOA, 1955, p. 14) para questionar: não seriam, afinal, suas publicações em periódicos a própria "coação do eterno dentro do efêmero?"

Referências

HOLLANDA, Heloisa Buarque de. O que querem os dicionários? *In*: ARAÚJO, Lucia Nascimento; HOLLANDA, Heloisa Buarque de. *Ensaístas brasileiras*: mulheres que escreveram sobre literatura e artes de 1860 a 1991. Rio de Janeiro: Rocco, 1993. p. 13-34.

BENJAMIN, Walter. *A obra de arte na era de sua reprodutibilidade técnica*. Porto Alegre: L&PM, 2018.

CANDIDO, Antonio. A vida ao rés do chão. *In*: CANDIDO, Antonio *et al*. *A crônica*: o gênero, sua fixação e suas transformações no Brasil. Campinas: Unicamp, 1992.

COSTA, Cristiane. *Pena de aluguel*: escritores jornalistas no Brasil 1904-2004. São Paulo: Companhia das Letras, 2005.

COUTINHO, Afrânio. Ensaio e crônica. *In*: COUTINHO, Afrânio. *A literatura no Brasil*. Rio de Janeiro: José Olympio, 1986.

DUARTE, Constância Lima. Os anos de 1930 e a literatura de autoria feminina. *In*: WERKEMA, Andréa S. *et al*. (org.). *Literatura brasileira 1930*. Belo Horizonte: Editora UFMG, 2012.

DUARTE, Constância Lima (org.). Correspondência de Carlos Drummond de Andrade e Henriqueta Lisboa. *Remate de Males*. Campinas, SP, v. 23, n. 2, p. 15-127, 2003. Disponível em: https://periodicos.sbu.unicamp.br/ojs/index.php/remate/article/view/8636083. Acesso em: 20 jan. 2024.

GALVÃO, Walnice Nogueira (org.). *A palavra afiada*. Rio de Janeiro: Ouro sobre Azul, 2014.

LISBOA, Henriqueta [1965]. O meu Dante. *In*: MARQUES, Reinaldo; MIRANDA, Wander Melo (orgs.). *Henriqueta*

Lisboa – Poesia traduzida: Obra completa, v. 3. São Paulo: Peirópolis, 2020. p. 38-43.

LISBOA, Henriqueta. *Obras completas*. I - Poesia Geral (1929-1983). São Paulo: Livraria Duas Cidades, 1985.

LISBOA, Henriqueta. *Vivência poética*. Belo Horizonte: São Vicente, 1979.

LISBOA, Henriqueta. *Cantos de Dante*: traduções do "Purgatório". Caderno n. 7, p. 7-20. São Paulo: Instituto Cultural Ítalo-Brasileiro de São Paulo, 1969.

LISBOA, Henriqueta. *Vigília poética*. Belo Horizonte: Imprensa Oficial, 1968.

LISBOA, Henriqueta. *Convívio poético*. Belo Horizonte: Imprensa Oficial, 1955.

MARQUES, Reinaldo. Henriqueta Lisboa e o ofício da tradução. *In*: MARQUES, Reinaldo; MIRANDA, Wander Melo (orgs.). *Henriqueta Lisboa – Poesia traduzida*: Obra completa, v. 3. São Paulo: Peirópolis, 2020. p. 12-35.

MARQUES, Reinaldo. Henriqueta Lisboa: tradução e mediação cultural. *Scripta*, v. 8, n. 15, p. 205-212, 2004.

MARQUES, Reinaldo; MIRANDA, Wander Melo (orgs.). *Henriqueta Lisboa – Poesia*: Obra completa, v. 1. São Paulo: Peirópolis, 2020.

PALÚ, Pe. Lauro. Conhecimento de Henriqueta Lisboa. *In*: LISBOA, Henriqueta. *Vivência poética*. Belo Horizonte: São Vicente, 1979.

SOUZA, Eneida Maria de (org.). *Correspondência – Mário de Andrade & Henriqueta Lisboa*. São Paulo: Peirópolis/ Edusp, 2010.

SÜSSEKIND, Flora. Rodapés, tratados e ensaios: a formação da crítica brasileira moderna. *In*: SÜSSEKIND, Flora. *Papéis colados*. Rio de Janeiro: Ed. UFRJ, 1993.

NEVES, Ana Lúcia Maria de Souza. *"Um atalho, uma clareira, coisa assim, no caminho"*: reflexões sobre os lugares de Henriqueta Lisboa no contexto da literatura brasileira. Tese (Doutorado em Letras) – Programa de Pós-Graduação em Letras, Universidade Federal da Paraíba, João Pessoa, 2014.

WOOLF, Virginia. O leitor comum. *In*: WOOLF, Virginia. *O leitor comum*. Seleção, tradução e notas de Luciana Viégas. Rio de Janeiro: Graphia, 2007. p. 11-12.

Reflexões sobre poesia nos ensaios críticos henriquetianos

Ana Lúcia Maria de Souza Neves

Introdução

Os poetas modernistas brasileiros, em sua grande maioria, se valeram da linguagem tornando-a o meio para o exercício crítico. A escritora mineira Henriqueta Lisboa também atuou como ensaísta, sintonizada com as discussões do seu tempo sobre arte, literatura e, principalmente, poesia. Nas suas incursões teóricas e analíticas, revela dispor de um acervo de conhecimentos acerca da poesia e uma vasta leitura de escritores e críticos de sua época. Os ensaios de Henriqueta Lisboa demonstram a intelectual sensível e percuciente em relação às discussões literárias e às obras de escritores nacionais e estrangeiros do seu tempo.

No presente estudo, analisamos o ensaio "Poesia: minha profissão de fé", presente no livro *Vivência poética* (1979), a fim de discutir as concepções da escritora mineira no que diz respeito ao processo de criação, à poesia e à representação do poeta. Embora o foco seja no texto presente na coletânea de 1979, empreendemos também uma breve incursão pelos outros três livros de ensaios da escritora mineira – *Alphonsus de Guimaraens* (1945), *Convívio poético* (1955) e *Vigília poética* (1968) –, pontuando as reflexões de Henriqueta acerca da crítica literária; do seu diálogo com a crítica da sua época; das concepções e da relação que ela estabelece entre poesia/sociedade/transcendência.

Um primeiro aspecto que chama a atenção são os títulos de três das quatro coletâneas de Henriqueta Lisboa: *Convívio poético* (1955), *Vigília poética* (1968) e *Vivência poética* (1979). Os títulos revelam a ênfase na experiência. Aspecto que também está presente no texto "Poesia e Pensamento abstrato" de Paul Valéry (2007).

A oposição que sempre se estabeleceu entre *poesia* e *pensamento* é a grande preocupação do ensaio do escritor francês, que se propõe a tratar da questão a partir de sua experiência enquanto crítico, poeta e, naturalmente, leitor: "[....] acho mais útil contar aquilo por que passamos do que simular um conhecimento independente de qualquer pessoa e uma observação sem observador. Na verdade, não existe teoria que não seja um fragmento cuidadosamente preparado de alguma autobiografia" (VALÉRY, 2007, p. 196).

Henriqueta Lisboa foi leitora assídua de Valéry, conforme atestam as citações, referências bibliográficas nas suas coletâneas de ensaios e a maneira como a estudiosa expõe a sua forma de ver o trabalho crítico em relação à poesia. Em um depoimento de Henriqueta sobre uma conversa a respeito dos seus ensaios com o escritor Mário Casassanta, a poetisa expõe a sua defesa sobre a importância da pesquisa e da reflexão nos seus ensaios ao tratar da poesia: "Eu começava a escrever ensaios e ele se mostrava inquieto e temeroso de que os incursos teorizantes pudessem ser prejudiciais à poesia. Defendi-me de seus argumentos asseverando que a poesia tem aspectos profundos que só se revelam através da pesquisa e da reflexão. Não o convenci nem ele a mim" (LISBOA, 1979, p. 111).

No diálogo com críticos do seu tempo, como Casassanta, Henriqueta Lisboa se mobiliza a pensar sobre a poesia em geral e sobre a sua própria poética como leitora que, sem a pretensão de esgotar o objeto, analisa, reflete e, conforme suas próprias palavras, "supervisiona a obra de vários ângulos" (LISBOA, 1955, p. 24).

O interesse pelo estudo dos aspectos teóricos da poesia desperta em Henriqueta a reflexão sobre várias questões, segundo palavras da ensaísta, relativas à poética: O que é poesia? Qual a essência da poesia? O que é poesia pura? A relação entre poesia e prosa, poesia e beleza, poesia e técnica, poesia e ritmo, poesia e realidade; distinção entre conteúdo e forma; concepção de estilo.

A discussão dessas questões é realizada de maneira sistematizada no livro *Convívio poético* (1955) e encontra-se retomada nos seus vários ensaios. Tal discussão revela ainda a leitura de Henriqueta acerca dos principais estudos teóricos e críticos sobre as especificidades da poesia[1] realizados no Brasil e no exterior.

1 Dentre as obras e os seus respectivos teóricos citados por Henriqueta Lisboa, encontramos nas coletâneas: *Teoria da literatura*, de Soares Amora (1944); *A poesia afro-brasileira*, de Roger Bastide (1943); *O conceito de poesia como expressão da cultura*, de Hernâni Cidade (1946); *Fundamentos da interpretação e da análise literária*, de Wolfgang Kayser (1948); *Prière et poésie*, de Henri Brémond; *Frontières de la poésie*, de Jackes Maritain; *Variété*, de Paul Valéry; *Selected Essays*, de T. S. Eliot; *La Poesia*, de Benedetto Croce; *La poesia española* (1950) e *Poesia e estilo de Pablo Neruda* (1951), de Dámaso Alonso; *Teoria de la expressión poética*, de Carlos Bousoño (1952); *Poética*, de Aristóteles; *Poética*, de Hegel; *La Poesia*, Johannes Pfeiffer (1951); *Poesia ingenua y poesia sentimental*, de F. Schiller; *Filosofia del lenguje*, de Karl Vossler (1943), entre outros.

Os ensaios de Henriqueta evidenciam a capacidade da estudiosa de selecionar, organizar e sintetizar as ideias de forma a tornar a discussão vigorosa e ao mesmo tempo leve e envolvente. Em ensaio escrito na década de 1950, a escritora mineira aponta as atitudes assumidas pelo leitor diante da poesia e elege aquela que deve ser a atitude daquele que apresenta "certo espírito crítico":

> A primeira atitude é do racionalista, quer dizer, aquele que busca na poesia um sentido lógico, elementos intelectivos que a expliquem às claras sem percepção da sua natureza inefável, esquiva a toda análise. A segunda atitude é a do hedonista, isto é, aquele que deseja encontrar na poesia um motivo de deleite para os sentidos ou para o espírito, sem preocupação de valor metafísico.
>
> A terceira atitude é a do romântico, o que procura a poesia pelo que ela contém de sentimento, sem condicioná-la a outros delicados requisitos de sensibilidade e exatidão.
>
> A quarta atitude é a do utilitarista que aspira para a poesia, com interesse imediato, uma finalidade que não a da própria essência poética, e imagina a arte social como se ela já não fosse social por si mesma.
>
> A quinta atitude, em oposição à anterior, é a do abstracionista ou purista, aquêle que deseja da poesia o exclusivamente estético, limitando, pela depuração excessiva de um ato vital, a condição humana do poeta.
>
> Finalmente e raramente aparece uma sexta atitude, a que qualificaria de ideal, pelo fato de colher das atitudes mencionadas o que possuem de complementar (...) essa postura, imparcial e completa, é peculiar ao que nasce marcado de intuição para a arte e sabe exercê-la a par de certo espírito crítico (...) Exige despojamento de todo e qualquer preconceito. Exige um como esta-

> do de inocência iluminada, quase diria policiada, não passiva e pronta à aceitação, mas ativa, apta a participação, livre bastante para supervisionar a obra de vários ângulos a um tempo, e exata para apreciá-la de um jato na sua estrutura, na sua significação e no seu valor, quer dizer, na sua unidade (LISBOA, 1955, p. 24).

As palavras de Henriqueta indicam que, para a ensaísta, a crítica literária deve se centrar na obra, buscando a "unidade". A perspectiva crítica adotada por Henriqueta valoriza a intuição, sem deixar, no entanto, de estar fortemente armada de erudição. Para a ensaísta, é o texto que dita o percurso crítico. Dessa forma, defende que é a obra literária que funda o método. Em síntese, a proposta de abordagem crítica da escritora mineira está centrada na "apreensão da unidade textual".

É importante lembrarmos de que o período de escrita e publicação dos ensaios de Henriqueta, décadas de 1940 e 1950, está marcado pelo embate que coloca em cena dois modelos distintos de atitude crítica, assim como dois critérios de validade para o julgamento da obra literária. Interessa-nos perceber qual é a posição ocupada por Henriqueta nesse cenário e quais as implicações resultantes – do ponto de vista da legitimação – para a recepção de sua própria obra crítica.

O campo da crítica literária, no período de 1940 a 1950, atravessa um momento de questionamento com relação à sua própria natureza e função. Uma fase de transição que passa da crítica não especializada, exercida por profissionais de diversas áreas que escrevem para os jornais, ao surgimento dos primeiros críticos oriundos da universidade e ligados ao ensino de literatura.

Os novos qualificativos para o exercício da crítica passam, de acordo com Süssekind (2002), pela órbita da cátedra, ou do ensino de literatura. Embora o espaço de publicação permaneça o mesmo, ou seja, o do jornal e o da revista de circulação ampla, o lugar de fala do novo crítico de rodapé modifica-se: em vez do homem de letras cronista-jornalista, será o professor/professora quem será considerado (a) "dono de um bom discurso sobre literatura" (SÜSSEKIND, 2002, p. 22).

Qual será o lugar de Henriqueta nesse contexto? A análise da postura assumida pela poetisa enquanto ensaísta, seja em carta a amigos como Mário de Andrade, seja em depoimentos presente nas entrevistas ou ainda no seu trabalho de interpretação, situa-se, a nosso ver, na confluência entre os dois modelos acima citados, apresentando característica de ambos.

Seus ensaios, ao aliarem erudição e tratamento dos textos focalizando os aspectos formais, revelam-se marcadamente acadêmicos, no contexto da tradição europeia. Por outro lado, assim como a maioria dos intelectuais da sua geração, ela se dedicou também ao exercício da crítica jornalística e a escrever, ainda que não com a regularidade que marcava o trabalho dos críticos de rodapé, trazendo para os seus textos aspectos próprios desse suporte como a brevidade e a objetividade linguística.[2]

Não seria, portanto, absurdo afirmar que o percurso ensaístico de Henriqueta Lisboa se movimenta entre os dois polos da crítica enquanto gênero: do impressionismo dos

---

2 Henriqueta publicou nos periódicos: 1) do Rio de Janeiro: *Colúmbia, Brasil Feminino, Revista da Semana, O Malho, Revista do Livro, Revista Brasileira, Jornal do Comércio*; 2) de Minas Gerais: *O Diário, Diário de Minas, Folha de Minas, Revista do Instituto Histórico e Geográfico de Minas Gerais, Diário da Tarde, Estado de Minas, Suplemento Literário Minas Gerais*; 3) de São Paulo: *O Estado de São Paulo*.

homens e mulheres de letras à abordagem teórica que será a marca da crítica acadêmica que se inicia no Brasil a partir dos anos de 1950.

Para melhor apresentar a visão crítica de Henriqueta como ensaísta, organizamos o artigo em duas seções. No tópico "As coletâneas de ensaios de Henriqueta", apresentamos os quatro livros de ensaios da escritora e pontuamos algumas das características da ensaística henriquetiana no seu diálogo com o contexto histórico cultural no qual estava inserida. No tópico "Uma leitura do ensaio autoexegético 'Poesia minha profissão de fé'", analisamos o ensaio presente no livro *Vivência poética* (1979), a fim de discutir o processo de criação, a concepção de poesia e a representação do poeta.

As coletâneas de ensaios de Henriqueta

Nas coletâneas *Alphonsus de Guimarães* (1945), *Convívio poético* (1955), *Vigília poética* (1968) e *Vivência poética* (1979), as interpretações de Henriqueta Lisboa pautam-se na perspectiva de que a atividade crítica precisa ser feita apenas e na medida em que a obra a solicita. A ensaísta mostra-se, assim, contrária à aplicação mecânica e instrumental do método crítico à obra. Observamos que a crítica de Henriqueta centra-se no texto, revelando uma aproximação da ensaísta com a proposta imanentista de abordagem textual, defendida na época no Brasil por Afrânio Coutinho.

No entanto, percebemos algumas diferenças entre a crítica henriquetiana e a realizada pelo crítico carioca. Para Henriqueta, prevalece a questão do gosto na seleção de autores e de obras a serem lidos e a ênfase na "intuição de essências" durante o trabalho crítico, embasado na fenomenologia, opondo-se a uma visão da crítica como ciência:

> Cada obra poética (segundo Lévi-Strauss) contém em si mesma suas variantes ordenadas sobre um eixo que pode ser representado em vertical, formado por níveis superpostos: fonológico, fonético, sintático, prosódico, semântico, etc.` pois bem: podemos observar-lhe os sons elementares, os fonemas - som e articulação-, a contextura gramatical, a pronúncia, a transferência da significação para o significativo, e ainda o ritmo e outros aspectos. Porém a obra só será captada, na sua unidade e porventura na sua totalidade, se a análise objetiva for presidida pela intuição eidética, ou seja, a intuição relativa à essência das cousas, não a sua existência ou função (LISBOA, 1979, p. 12).

Henriqueta propõe que a crítica parta da "intuição de essências", que faz ver a verdade última dos fenômenos, perspectiva embasada na fenomenologia proposta por Edmund Husserl. O trabalho do crítico desvencilha-se de preconceitos, crenças e pressupostos construídos, certezas imediatas, buscando a essência pura do fenômeno. Em carta escrita a Mário de Andrade em 24 de julho de 1943, Henriqueta Lisboa afirma:

> O que você me diz das conquistas morais através da arte eu também tenho experimentado, não somente através do esforço pela realização artística, mas igualmente através do esforço pela compreensão da obra alheia. Nesse ponto creio que a educação estética nos aproxima ainda mais da humanidade. Nossa purificação interior vem muito dessa procura, dessa exigência de pureza na obra alheia. Por mim, posso me sentir mais vaidosa, mas não me sinto mais orgulhosa da minha arte, do que de ter chegado a compreender a arte alheia. A caminhada me parece mais árdua neste sen-

> tido, pois não há alimentação de egoísmo. Veja se as suas melhores conquistas morais não vieram antes da crítica do que da criação (LISBOA *apud* SOUZA, 2010, p. 259).

A busca pela pureza da obra alheia, conjugando intuição e mobilidade do espírito é meta dos ensaios de Henriqueta. Este viés crítico está embasado na fenomenologia de Husserl:

> A unidade entre o ato de conhecer e o objeto que é conhecido encontra na fenomenologia, na ciência do fenômeno, isto é, da consciência enquanto manifestação de si mesma e das significações objetivas, a possibilidade de instauração da "filosófica como uma ciência rigorosa". Assim, a descrição do vivido, dos atos intencionais da consciência e das essências que eles visam, isto é, dos correlatos intencionais – enfim, a disciplina que poderá fundamentar a lógica – é a fenomenologia (HUSSERL, 2000, p. 8).

A presença da fenomenologia marca as várias coletâneas de ensaios de Henriqueta. Na apresentação do livro *Alphonsus de Guimaraens* (1945), resultado da conferência literária "Vida e obra de Alphonsus de Guimaraens", escrita para ser lida no Rio de Janeiro a convite do Ministro da Educação e Saúde Gustavo Capanema, Henriqueta lamenta não ter tido tempo para fugir "ao padrão conferência literária", o que na opinião dela tornaria a obra "um estudo melhor".

A busca pela expressão livre, conjugando intuição e mobilidade do espírito, é meta dos ensaios de Henriqueta. O primeiro livro já revela o que seria uma marca da ensaística henriquetiana, isto é, uma visão do ensaio "num sentido vivo, que leva em conta, além da própria matéria artística, os costumes, a vida, o homem num sentido mais amplo" (GONÇALVES, 1992, p. 134).

O ensaio "Alphonsus de Guimaraens" está dividido em quatro partes. Na primeira, Henriqueta centra no Simbolismo na França como sendo o núcleo que irradiaria o movimento pelo mundo. Em seguida, contextualiza, de maneira breve, acerca do Simbolismo no Brasil, destacando os nomes de Cruz e Sousa e Alphonsus de Guimaraens como expoentes do movimento, ainda que não deixe de registrar outros simbolistas, como Mário Pederneiras, Silveira Neto, Emiliano Pernetta, Dario Veloso, B. Lopes, Nestor Vítor, Félix Pacheco, Saturnino Meireles, Vígílio Várzea, Castro Menes e Gonzaga Duque. Na terceira parte, centra-se na figura de Alphonsus de Guimaraens, apresentando dados sobre a vida do escritor e "folheando", segundo palavras da própria escritora, um a um os livros do poeta. Por último, encontramos um rico apêndice com referências bibliográficas do autor.

Chama a atenção o conhecimento aprofundado da ensaísta sobre Alphonsus e outros escritores da época, a exemplo de Augusto dos Anjos, citado em aproximações com o poeta. Para os que desejam conhecer melhor a poesia de Alphonsus de Guimaraens, o livro representa uma obra importante a ser consultada.

Convívio poético (1955), segundo livro de ensaios da poetisa, foi publicado aos 54 anos, quando Henriqueta Lisboa já havia lançado oito livros de poesia. O livro encontra-se dividido em duas partes. Na primeira, são realizadas discussões acerca da definição e das características da poesia. Na segunda parte, a poetisa escreve sobre a obra de autores brasileiros e estrangeiros (Cruz e Souza, Fagundes Varela, Álvares de Azevedo, Camilo Pessanha, Fernando Pessoa, João

Alphonsus, Mário de Andrade, Carlos Drummond, Cecília Meireles, Alfonsina Storni, Gabriela Mistral e Jorge Guillén). É importante destacar a crítica de Henriqueta à produção de autoria feminina brasileira e latino-americana.[3]

Não podemos esquecer o pioneirismo da poetisa mineira ao assinalar o mérito da produção de autoria feminina em uma época em que a criação literária ainda era considerada por muitos como prerrogativa dos homens (TELLES, 2010, p. 403).

Pelos títulos dos ensaios presentes na primeira parte do livro ("Definição de poesia", "Essência da Poesia", "Conceito de poesia", "Poesia e prosa", "características da poesia", "Poesia beleza e estética", "Poesia e lógica", "Poesia e didática", "Poesia e técnica", "Poesia e ritmo", "Condições da poesia", "Conteúdo e forma na poesia", "Poesia pura", "Poesia imagem da realidade", "Infância e poesia", "Conceito de estilo"), é possível perceber o interesse em revelar os "aspectos teóricos" da poesia, conforme declarara a poetisa-ensaísta a Mário Casassanta.

Outro aspecto das discussões presentes na primeira parte do livro é o destaque dado a assuntos que ainda hoje são trazidos à baila no meio acadêmico como a relação entre poesia e ensino e a problemática do termo "poesia infantil".

A obra *Vigília poética* (1968) é constituída de dezenove ensaios. Nove destes podem ser caracterizados como predominantemente teóricos ("Formação do poeta", "Expressão e comunicação", "Entre mineiros", "À margem do manuscrito

---

3 No que diz respeito à crítica de Henriqueta sobre a poesia de escritoras latino-americanas, escrevemos o artigo *O diálogo de Henriqueta Lisboa com escritoras latino-americanas* (NEVES, 2014, p. 105-124).

holandês", "Reflexões sobre a história", "Romance com notícias folclóricas", "Aspectos do movimento modernista", "Poesia de Israel", "Conceituação de poesia entre os franceses") e o restante dos ensaios correspondem a estudos sobre as obras dos escritores: Mário de Andrade e João Guimarães Rosa (dois ensaios para cada um), Murilo Mendes, Vicente de Carvalho, Mário Matos, Camilo Pessanha, Ungaretti e Alfonso Reyes.

Nessa coletânea observamos o diálogo de Henriqueta com expoentes da crítica literária brasileira, que, nas décadas de 1950 e 1960, escrevem textos avaliando o Movimento Modernista. Dentre estes críticos, estão Wilson Martins, Sérgio Milliet, Graça Aranha, Sérgio Buarque de Holanda, Afrânio Coutinho e Mário da Silva Brito.[4]

A ensaísta demonstra afinação com as perspectivas críticas veiculadas pelos estudiosos citados. Dentre essas, a apresentação de Mário de Andrade como a figura central do Modernismo, o "papa do Modernismo", segundo Péricles Eugênio da Silva, e a fixação das origens da literatura moderna brasileira na cena paulistana, tendo a Semana de Arte Moderna de 1922 como o ponto culminante.

A obra *Vivência poética* (1979), seu último livro de ensaios, é uma coletânea composta de doze textos. O ensaio que abre o livro corresponde a um depoimento da poetisa – "Poe-

---

4 Além desses autores, a revisão do movimento modernista foi a tônica nos decênios de 1950 e 1960 de outros estudos como: *A literatura no Brasil*, de Péricles da Silva Ramos (1955); *História da literatura brasileira*, de Nelson Werneck Sodré (1964) e *Apresentação da poesia brasileira*, de Manuel Bandeira (1954). A crítica deste período foi responsável pela seleção de autores e obras que a partir de então iriam compor o "cânone modernista", tendo como referência a semana de 1922 (SILVA, 2009).

sia: minha profissão de fé" – sobre a sua concepção de poesia e sobre as especificidades do seu fazer poético. Os outros textos correspondem a estudos sobre a obra dos autores listados a seguir: Vicente Huidobro, Mário de Sá-Carneiro, Guimarães Rosa (dois textos), Severiano de Resende, Alphonsus de Guimaraens, Mário Casassanta, Abgar Renault, Emílio Moura, Guilhermino César e Jorge Guillén.

A partir da leitura dos ensaios, observamos que Henriqueta Lisboa costuma tratar de um autor específico, buscando contextualizar o estilo de cada escritor. Ao contrário de outros críticos, sobretudo a partir do advento da crítica acadêmica, que buscam analisar determinados textos dentro de uma problemática teórica ampla.

Além disso, nas abordagens críticas de Henriqueta, quatro aspectos merecem ser registrados. O primeiro diz respeito ao amplo horizonte de leitura da escritora. A poetisa revela um interesse por autores e obras de diferentes épocas e estilos, entretanto, percebemos uma preferência por escritores cujas obras enveredam pela reflexão ontológica/metafísica, estando a maioria dos escritores estudados entre simbolistas e modernistas. Ao se referir às suas preferências como poetisa, destaca Henriqueta: "tenho visado, de modo pertinaz e intensivo, a essência do ser, a substância do que é vital, a ansiedade da criatura em busca da perfeição e do infinito, os mistérios da natureza, o próprio mistério do processo poético" (LISBOA, 1979, p. 18-19).

A escolha das obras e dos autores indica que Henriqueta se pautava por predileções, embora, conforme revela nas cartas trocadas com Carlos Drummond de Andrade, também recebia originais para a apreciação enviados por escritores iniciantes, bem como exemplares de autores consagrados com quem costumava trocar correspondências, caso de Carlos Drummond de Andrade, dentre outros.

Na época em que Henriqueta organiza seus ensaios em coletâneas, era comum compilar e publicar em livros a crítica inicialmente produzida para jornais e revistas (BOLLE, 1979). É importante destacarmos, no entanto, que muitos textos escritos por ela não foram incluídos nas coletâneas que organizou. Isto pode ser observado ao compararmos os títulos dos artigos e ensaios presentes no acervo da poetisa com os textos que compõem seus livros de ensaios.[5]

5 No acervo da escritora mineira na série "Produção intelectual da titular", seções de Crítica, Artigo e Ensaio, encontram-se referências a textos escritos por Henriqueta Lisboa sobre a obra de vários artistas, dentre estes, pintores e escritores, que não constam nas suas coletâneas de ensaios. São textos curtos, a maioria se caracteriza como breves comentários: "CIRANDA do Tempo". Belo Horizonte, 1965. 2 fls. (Crítica a *Ciranda do tempo* de Ubirasçu Carneiro da Cunha.); "APRECIAÇÃO de Henriqueta Lisboa". [s. l.], 29 mar. 1976. 1 fl. (crítica ao livro *Os Barreirais de Deus*, de Nauro Machado.); "ESPONTÂNEO e Musical, o livro...". [s.l.], [s.d.], 1 fl. (crítica ao livro *Arcas, arcazes e baús*, de Maria da Conceição Elói.); FOLHINHA de Ariel. [s.l.], [s.d.], 1 fl. (crítica ao livro *O açude e sonetos da descoberta*, de Affonso Ávila.); FOLHINHA de Ariel. [s.l.], [s.d.], 1 fl. (crítica ao livro *Invenção do Orfeu*, de Jorge de Lima.); "HÁ Mais um poeta...". Belo Horizonte, 15 nov. 1978. 1 fl. (crítica ao livro de Pe. Humberto Venuto.); "INTERFERÊNCIA e colisão". [s.l.], [s.d.] 1 fl. (considerações sobre a Poética de Ronald Claver.); "MARIA Pilar". [s.l.], [s.d.], 1 fl. (crítica aos poemas de Maria Pilar.); "Á MARGEM do Livro Exercício efêmero". [s.l]., [s.d.], 2 fls. (crítica a *Exercício efêmero*, de Lúcia Aizim.); "ORLANDO Castaño". Belo Horizonte, 23 maio 1972. 1 fl. (crítica às telas de Orlando Castaño.); "PALAVRAS de Henriqueta Lisboa". Belo Horizonte, fev. 1976. 1 fl. (crítica à escultura São Francisco, de Fausto Alvim.); "PALAVRAS de Henriqueta Lisboa". [s.l.], [s.d.], 1 fl. (crítica sobre o conto *O peixe e o pássaro*, de Bartolomeu Cam-

Esse fato é importante porque chama a atenção para a instituição da crítica brasileira na época de Henriqueta, isto é, nas décadas de 1940 a 1970, período no qual apenas determinados autores e determinadas obras (a maioria pertencente ao cânone) "mereciam" ser lidos e poderiam compor as páginas das coletâneas de crítica literária.

O segundo aspecto que merece destaque na ensaística de Henriqueta corresponde ao claro objetivo em priorizar a leitura do texto literário. Suas análises põem em relevo os elementos intrínsecos, sem perder de vista o contexto histórico dos escritores.

---

pos Queiróz); "PALAVRAS de Henriqueta". [s.l.], [s.d.], 1 fl. (crítica à poesia de Bueno de Rivera); "PALAVRAS de Henriqueta Lisboa sobre Os Motivos". Belo Horizonte, 2 ago. 1975. 1 fl. (crítica à poesia de José Mário Rodrigues); "A POESIA de Lélia Coelho Frota...". [s.l.], [s.d.]. 1 fl. (elogios à poesia de Lélia Coelho Frota); "POESIA, preservação da infância". Belo Horizonte, 16 abr. 1981. 1 fl. (crítica à poesia de Bartolomeu Campos [Queiróz], especialmente ao seu livro *Coração não toma sol*); "POESIA sem Fronteira". Belo Horizonte, 27 jul. 1972. 1 fl. (crítica ao livro *Poesia sem fronteira* de Hélcio Veiga Costa); "UMA POÉTICA de Sugestão". Belo Horizonte, fev. 1974. 2 fls. (crítica às obras *Exercício para o vôo* e *No país do crepúsculo*, de Sebastião Rezende); "UBIRASÇÚ Carneiro da Cunha...". Belo Horizonte, 26 set. 1962. 1 fl. (crítica à obra *Poemas coagidos*); "FIDELINO de Figueiredo". [s. l.], [s.d.]. 2 fls"; "ITINERÁRIO de Petrônio Bax". Belo Horizonte, jul. 1973. 4 fls.; "A NASCENTE do Orvalho". Belo Horizonte, ago. 1979. 1 fl. (ensaio sobre a arte da pintora mineira Rosa Miranda); "BÁRBARA Heliodora". [s.l.]. [s.d.]. 2 fls. (comentário sobre a importância histórica e a obra poética de Bárbara Heliodora); "UM LIVRO sobre Gabriela Mistral". [s.l.], [s.d.]. 2 fls. (comentários sobre a tese de Marie-Lise Gazarian Gautier.); "MILENA: Texto Poético". [s.l.], [s.d.]. 1 fl. (comentário sobre a poética de Antônio César Drummond Amorim, focalizando a personagem Milena de seu livro: *De Milena, circo e sonhos*); "SELMA Langerlof". [s. l.], [s.d.]. 3 fls. (reflexões sobre obra da escritora sueca Selma Lagerlof.).

Um exemplo dessa metodologia de análise de Henriqueta é o ensaio "Álvares de Azevedo", presente na coletânea *Convívio poético* (1955). Para a escritora, a crítica ainda não se voltou para o que ela chama de "fato literário em essência", o que a seu ver compromete a avaliação sobre autores e obras:

> Entre os nossos românticos, ocupa Álvares de Azevedo um lugar de privilégio. Mas como em geral acontece, tem mais renome pelas auras lendárias que o envolvem do que pela sua própria obra. Ainda não atingimos esse estágio cultural de genuíno interesse pelo fato literário em essência. E ascuriosidades de superfície costumam promover a deturpação da idéia nas suas fontes (LISBOA, 1955, p. 143).

Henriqueta constrói sua leitura do humor na poesia de Álvares de Azevedo se contrapondo explicitamente ao crítico Afrânio Peixoto: "Não me parece que tenha razão Afrânio Peixoto, quando tachou de insincero o "humour" de Álvares de Azevedo, embora reconheça traços de vários poetas europeus na sua obra" (LISBOA, 1955, p. 147). E para ilustrar sua leitura, Henriqueta cita uma estrofe do poema "Um cadáver de poeta": "Não há negá-lo – Não há doce lira/ Nem sangue de poeta ou alma virgem/ Que valha o talismã que no oiro vibra! / Nem música nem santas harmonias/ Igualam o condão, êsse eletrismo,/ A ardente vibração do som metálico..." (LISBOA, 1955, p. 147).

A citação de poemas (ora na íntegra, ora fragmentado) é uma característica dos ensaios de Henriqueta, aspecto que demonstra uma influência dos estudos críticos que focalizam a textualidade no trabalho analítico.

O terceiro aspecto que consideramos importante na ensaística henriquetiana é o fato de a estudiosa manter-se fiel à sua formação literária na linha hermenêutica textual, sem deixar de apresentar posições abertas em face das questões artísticas. Chama a atenção a perspicácia com que soube definir as tendências e os limites das discussões artístico-culturais do seu tempo, assumindo uma postura de equilíbrio. Segundo palavras da poetisa: "Nesse campo de forças contrárias, tenho buscado uma postura de equilíbrio para aproximar-me da poesia..." (LISBOA, 1979, p. 11).

No ensaio "Aspectos do Movimento Modernista", presente na coletânea *Vigília poética* (1968), Henriqueta Lisboa realiza uma retrospectiva dos fatos e eventos principais que ocorreram durante a Semana de Arte Moderna de 1922 e que se seguiram, destacando as contribuições do movimento aos poetas e críticos contemporâneos de 1940 e 1950. Sem a pretensão, segundo suas próprias palavras, de "ofuscar a importância dos elementos subversivos que constituem a própria essência da arte" (LISBOA, 1968, p. 105), é possível apreender certo veio contestatório da crítica de Henriqueta Lisboa mais acirrado em relação à fase heroica do Modernismo. No primeiro parágrafo do ensaio, Henriqueta já deixa explícita a sua defesa pelo passado: "pode-se afirmar que todo evento artístico, parte integrante da história da civilização, condiciona-se, de certo modo, ao pretérito" (LISBOA, 1968, p. 105).

Criticada por não fazer uma poesia voltada para as "inovações" do presente, Henriqueta defende que as bases do movimento modernista iniciado, segundo ela, em São Paulo e de lá "irradiado para todo o Brasil" (LISBOA, 1968, p. 106) "representa, em sua fase definida, uma síntese entre o objetivo e o subjetivo, o real e o ideal, o clássico e o romântico" (LISBOA, 1968, p. 107).

No mesmo artigo Henriqueta destaca o que para ela corresponde a uma "evolução da poesia": "poesia mais discreta, equilibrada e límpida" (LISBOA, 1968, p. 118). Além dessas três características, ela registra como ganhos para a poesia:

> A gravidade substitui o pitoresco, a fluência da linguagem sobrepõe-se à vivacidade das expansões, as arestas se vão polindo, ampliam-se as emoções, multiplicam-se os assuntos já agora em função de universalidade, ora em sentido místico, ora metafísico, ora simplesmente humano. O motivo perene assume superioridade sobre o contingente, não apenas nos autores mencionados como em outros que surgem no cenário das letras, sucessivamente. Por mais originais que sejam, êstes pagam tributo às experiências do modernismo, gozam da liberdade de expressão assegurada aos artistas (LISBOA, 1968, p. 118).

Nos ensaios de Henriqueta Lisboa, é possível perceber a posição segundo a qual a poesia modernista não pode ser considerada com base em um único padrão. O fato de muitos poetas e poetisas modernos enveredarem por caminhos diferentes é visto como legítimo e como consequência da liberdade de expressão, sem por isso deixarem de ser modernos: "Poetas contemporâneos como Augusto Frederico Schmidt, Cecília Meireles, Tasso da Silveira e Murilo Araújo, cuja feição espiritualista diverge das inquietudes típicas do movimento, recebem os influxos de ordem formal da nova poesia" (LISBOA, 1968, p. 119).

Ao tratar da "poesia pura", no ensaio homônimo, Henriqueta alerta para o perigo da busca pelo ideal de poesia fechada em uma "dimensão absolutamente autônoma", expressão utilizada cerca de cinquenta anos depois do ensaio henriquetiano pelo crítico italiano Berardinelli (2007), e que em Henriqueta, embora seja dito com outras palavras, encontra-se na mesma direção: "Mas nem por isso está isenta de perigos, pela proximidade dessa outra pureza feita de abstenção: rondam-na os perigos do hermetismo, da desumanização, do silêncio total." (LISBOA, 1955, p. 81).

No livro *Da poesia à prosa* (2007), Berardinelli realiza um estudo sobre a obra *Estrutura da lírica moderna*, de Hugo Friedrich, cuja primeira edição é de 1956. O crítico italiano aponta para a limitação da descrição efetuada por Friedrich ao considerar uma linhagem exclusiva da lírica, isto é, a de matriz francesa, como modelo da melhor poesia escrita no século XX:

> Mais que uma autêntica reconstrução da poesia moderna, trata-se de uma espécie de reformulação sistemática (e relativamente tardia) da poética da poesia pura e do hermetismo. As dinâmicas "heterônomas" da literatura contemporânea são subestimadas. O repertório analítico dos procedimentos estilísticos é bastante exaustivo. Mas quase sempre está dissociado do conjunto da obra de cada autor e da relação entre transformações formais e autoconsciência histórico-cultural (BERARDINELLI, 2007, p. 21).

Berardinelli (2007) chega a afirmar que mesmo as vanguardas novecentistas, consideradas inimigas do purismo estético, como o futurismo e o surrealismo, "desaguaram no mesmo leito da "poesia pura", ainda que por outras vias: com a rejeição violenta da convenção estilística, do público, da discursividade, da representação, da narração" (p. 15).

Ao contrário de Friedrich, para Henriqueta Lisboa, embora fundamente seu pensamento sobre poesia na "linhagem francesa", ressaltada pelo estudioso alemão, a "obra de arte é uma adesão ao real, aquém ou além do humano, fora do psicológico, embora nem sempre alheio a ele..." (LISBOA, 1979, p. 16).

A poetisa mineira encontra-se assim no grupo de escritores modernos que, segundo Berardinelli:

> A par ou em alternância com a tendência à pureza, à autonomia metafórica e à abstração, muitos poetas do século XX mantêm uma relação mais aberta e mais livre com as formas poéticas tradicionais e com os clássicos da própria língua. Não para criar, como ocorre em alguns casos, um neoclassicismo restaurador, mas para repor em uso ou para remodelar os mais diversos modos de comunicação literária em versos (BERARDINELLI, 2007, p. 32-33).

O quarto aspecto que convém enfatizar nos ensaios de Henriqueta Lisboa é o fato de que mesmo escrito em prosa, o discurso da poetisa apresenta-se marcado por uma linguagem na qual a poetisa-ensaísta faz uso de recursos expressivos, distanciando-se do modelo retórico tão forte em nossa tradição. No ensaio "Poesia e prosa", declara que para ela a poesia se faz presente também na prosa: "Os poetas escrevem geralmente em verso. Êsse [*sic*] fato rotineiro nos habituou à idéia [*sic*] de que a poesia se encontra no verso. A verdade é que ela se encontra igualmente na prosa" (LISBOA, 1955, p. 27).

A ensaísta conclui seu texto se utilizando de uma linguagem metafórica e mostra uma visão flexível diante da relação entre poesia e prosa: "A questão depende da atitude do escritor em face da obra: atitude lírica ou cerebral. Apenas. O nosso rio de águas profundas, como todo rio, tem duas margens. Depois de tantas conjecturas para essa descoberta, doce é a perspectiva da outra margem..." (LISBOA, 1955, p.

31). Dessa forma, a poetisa-ensaísta percebe que os limites que distinguem os tipos de composição não podem ser vistos de maneira rígida e mais, é preciso que o escritor busque outras possibilidades, dando ênfase à liberdade de expressão.

Uma leitura do ensaio autoexegético "Poesia: minha profissão de fé"

Estamos utilizando a acepção de ensaio autoexegético com base na classificação apresentada pelo Pe. Lauro Palú no prefácio à edição de 1979 do livro *Vivência poética*, de Henriqueta Lisboa. Segundo ele, a ensaística autoexegética de Henriqueta está constituída pelos seguintes textos: primeira parte de *Convívio poético*; os dois primeiros textos de *Vigília poética* ("Formação do poeta" e "Expressão e comunicação") e o depoimento inicial de *Vivência poética* ("Poesia: minha profissão de fé").

Neste tópico, analisaremos o ensaio "Poesia: minha profissão de fé", presente no livro *Vivência poética* (1979), a fim de discutir, como afirmado na introdução, o processo de criação, a concepção de poesia e a representação do poeta.

No ensaio "Poesia: minha profissão de fé", Henriqueta afirma que "não há normas preconcebidas para a criação poética, nem previsões circunstanciais. Sabe o poeta confusamente, que deve estar atento, que algo existe a ser desvendado, a qualquer instante" (LISBOA, 1979, p. 12). Apesar disso, trata-se de um árduo trabalho, "porque em verdade o poema continua a ser feito, entre uma e outra atividade diversa, continua a ser lapidado, experimentado sílaba a sílaba, investigado a vários prismas, do fundamento à ressonância" (LISBOA, 1979, p. 12).

Henriqueta revela também no ensaio uma compreensão peculiar da relação entre arte e sociedade, a qual nem sempre foi respeitada por críticos de sua época. Para ela, as artes constituem-se como uma visão mais direta da realidade, capaz de fazer ver aquilo que as pessoas em geral não são capazes de enxergar. Nesse sentido, os artistas são considerados "reveladores", uma vez que são capazes de mostrar aspectos da natureza que comumente não são observados, alcançando uma experiência genuína da realidade. Essa experiência alcançada pelo poeta é, segundo Henriqueta, fruto da criatura humana que o artista é:

> Indivíduo com raízes no grupo social, representativo de uma parcela social, o poeta fala em nome da mesma parcela, mas fala antes de tudo em nome da criatura humana que é, impossibilitado, por certo, de captar todas as veemências do mundo; fala à sua maneira particular, atendendo ao foro íntimo e de acordo com as suas convicções estéticas, sem demais compromissos ou modismos (LISBOA, 1979, p. 18).

Nas palavras de Henriqueta fica claro que o poeta/a poetisa não é um ser onipotente, pelo contrário, como qualquer outro indivíduo, está sujeito a determinações do espaço e do tempo históricos, como também está condicionado ao fator individual, personalidade, maneira particular de falar, concepções e convicções estéticas, que corresponderiam à responsabilidade pessoal e social do escritor. Fora esses dois compromissos, o/a poeta/poetisa não pode se deixar subjugar por outros ditames.

Para Henriqueta, a poesia deve ser considerada como um exercício de "liberdade". O ato criador corresponde a uma "atitude volitiva" em que o/a poeta/poetisa pode "se reportar a argumentos antigos, desde que o faça em termos de atualidade, transportando-o do real para o ideal e deste para o imaginário" (LISBOA, 1979, p. 17).

É inegável que as determinações históricas e sociais incidem sobre a poesia, como em toda manifestação artística; no entanto, não há como estabelecer previamente de que forma isto se dará. Na visão da poetisa, a literatura não é espelho da interioridade do artista, nem do mundo social. O/a poeta/poetisa expressa na obra o que o espírito foi capaz de captar e transformar das emoções sentidas e das experiências vividas.

A poesia não é confissão e o poema não resulta da contemplação do "eu" a si próprio. Não consiste em trazer para arte uma sinceridade autobiográfica, mas, sim, exercício de criação, invenção. Segundo suas próprias palavras:

> O que interessa, no caso, não é a verdade subjetiva, ou suposta verdade transmitida pela obra, e sim a verdade da obra, que reside na estrutura, submetida e solidificada a critério de cânones inerentes, segundo os princípios da arte e da técnica, não necessariamente susceptíveis de influências de ordem psicológica ou biológica (LISBOA, 1979, p. 16).

A poetisa define a arte como um esforço criador resultado de um duplo mistério: o da personalidade do artista e o da realidade que tocou seu coração. Assim, a poetisa embora tenha buscado fazer uma poesia voltada para o ontológico, compreendia que a criação poética não se desvinculava jamais do seu tempo:

> Força é reconhecer: nenhum poeta sobrevive se se distancia do tempo em que vive. O que se alienar, trairá seu coração e sua consciência. Mesmo sem alusão direta a circunstâncias, o poeta se acusa como ser comunitário. Pois a crispação de uma sensibilidade fe-

> rida será mais evidente do que a denúncia ou notação de eventos. A evolução de um estilo, da brandura para a energia, da expansividade para o rigor, do lírico para o dramático, pode revelar sintomas inequívocos de uma participação adentro da esfera vivencial, incluindo perplexidade, dissidência ou repúdio. A máquina, por suposto, é foco de atenção em nossos dias. Mas para que se manifeste certa atitude diante dessa cousa avassaladora, não é necessário que o vocábulo máquina figure explicitamente num texto literário (LISBOA, 1979, p. 18).

As palavras de Henriqueta apontam que para a ensaísta a criação poética é antes de tudo histórica. Essa concepção lembra-nos o que escreve Octavio Paz (2009, p. 52) sobre o dizer poético:

> O poeta fala das coisas que são suas e de seu mundo, mesmo quando nos falade outros mundos; as imagens noturnas são compostas de fragmentos das diurnas, recriadas conforme outra lei. O poeta não escapa à história, inclusive quando a nega ou a ignora. Suas experiências mais secretas ou pessoais se transformam em palavras sociais, históricas. Ao mesmo tempo, e com essas mesmas palavras, o poeta diz outra coisa; revela o homem. Essa revelação é o significado último de todo poema e quase nunca é dita de modo explícito, mas é o fundamento de todo dizer poético (PAZ, 2009, p. 55).

A criação poética é, para Paz, uma operação revolucionária por natureza, capaz de transformar o mundo, uma vez que a linguagem poética se impregna de história, mas, ao absorvê-la, a ultrapassa, pela oposição ao signo dado, ao dizível estabelecido.

A concepção de poesia de Henriqueta Lisboa está embasada no diálogo da poetisa com filósofos, críticos literários e poetas considerados fundamentais para os estudos sobre lírica no mundo ocidental. Além de Otávio Paz, conforme mostramos, destacamos aqui as reflexões de Hegel, que tem suas concepções acerca da natureza do poema lírico, ecoando nos ensaios henriquetianos, e de Theodor Adorno. Embora não tenhamos encontrado referência a este autor nas obras de Henriqueta, observamos uma aproximação entre os dois na forma de ver a relação entre lírica e sociedade. A explicação para a aproximação pode estar no fato de que tanto a ensaísta mineira quanto o teórico alemão partiram de Hegel. Apesar das diferenças epistemológicas, defendem a "universalidade do conteúdo lírico". Além disso, Henriqueta Lisboa e Adorno teorizaram sobre a poesia lírica em meio ao avanço do impacto do capitalismo industrial na realidade social do século XX.

A influência do pensamento de Hegel revela-se também no destaque dado por Henriqueta à intuição como reflexo do próprio espírito. Para ela, a poesia "é peculiar ao que nasce marcado de intuição" (LISBOA, 1979, p. 12). A relação entre poesia e inspiração advém desde a Grécia Antiga, estando associada à ação de uma Musa (do latim *in-spirare*, soprar para dentro) que era frequentemente invocada, por exemplo, por Homero na sua *Odisseia*, para soprar ao poeta as palavras do segredo. Nas palavras de Henriqueta, é a "aura de inspiração", isto é, a sensação sobrenatural que só os poetas possuem.

Dessa forma, a criação poética, para ela, se aproxima da perspectiva clássica como "mistério", "segredo". No entanto, em vez do alto, a inspiração viria do interior, das profundezas do eu criador:

> "Sinto-a como aura que se irradia do ser, que preside às melhores atitudes, e que se concretiza no poema, na criação plástica, na composição musical. Considero-a, desta forma, elemento fundamental e substancial da existência humana" (LISBOA, 1979, p. 12).

Outra categoria instigante no ensaio de Henriqueta diz respeito à categoria da totalidade subjetiva, apresentada por Hegel na *Estética*. Assim como para o filósofo alemão, para a ensaísta mineira, a poesia lírica é constituída como expressão da subjetividade. Segundo as palavras de Hegel (1980, p. 224), ao referir-se ao conteúdo da lírica: "O conteúdo permanece puramente subjetivo e tem origem ou ponto de apoio no pensamento íntimo do próprio poeta." Entretanto, Henriqueta deixa claro que "A poesia não é fenômeno de ordem sentimental. De fato. Se o sentimento procede da obra de arte, esta o supera ao representá-lo. E só o faz com eficácia quando se torna independente de compromissos e injunções" (LISBOA, 1955, p. 74).

A poesia, para a ensaísta, ao contrário do idealismo hegeliano, nasce dos vínculos, na maioria das vezes, conflituosos do Eu com o mundo. É nisto que, a nosso ver, ela se aproxima de Adorno:

> Não sei precisar o instante em que cessou o divertimento e principiou a gravidade do ofício. É que me surpreendo, ainda hoje, com a graça do jogo, em meio à cogitação do mistério da vida e da morte, diante dos conflitos entre a pessoa e o mundo, principalmente diante das provações da poesia aos impactos do século (LISBOA, 1979, p. 11).

É em meio à realidade conflitiva histórico-social que o/a poeta/poetisa encontra os temas e motivos da poesia. É nesse sentido que Henriqueta Lisboa mesmo fazendo uma poesia voltada para "a essência do ser, a substância que é vital, a ansiedade da criatura em busca da perfeição e do infinito, os mistérios da natureza, o próprio mistério do processo poético, o relacionamento entre a alma e Deus, à caminhada da alma à procura de Deus" (LISBOA, 1979, p. 18-19), concebe que a poesia

> está na sensibilidade, nos sentidos, na lucidez, no sonho que precedeu à criação, no êxtase do instante criador, na conjunção de tôdas [*sic*] as potências e faculdades do ser, no ser humano integral afetado pela existência (LISBOA, 1955, p. 73).

No ensaio sobre lírica e sociedade, Adorno ressalta que o conteúdo da poesia "não é somente a expressão de motivações e experiências individuais" (2003, p. 66). Segundo ele, as experiências individuais apenas se tornam artísticas quando, "precisamente em virtude da especificação de sua forma estética, adquirem participação no universal" (p. 66). Destaca Adorno que a universalidade do poema não significa expressão daquilo que todos vivenciam: "A universalidade não é (...) a da mera comunicação daquilo que os outros simplesmente não são capazes de comunicar" (p. 66). Pelo contrário:

> O mergulho no individuado eleva o poema lírico ao universal por tornar manifesto algo de não distorcido, de não captado, de ainda não subsumido, anunciado desse modo, por antecipação, algo de um estado em que nenhum universal ruim, ou seja, no fundo algo particular, acorrente o outro, o universal humano. A composição lírica tem esperança de extrair, da mais irrestrita individuação, o universal (ADORNO, 2003, p. 66).

Segundo Adorno, a relação entre lírica e sociedade pressupõe que as composições líricas

> não são abusivamente tomadas como objetos de demonstração de teses sociológicas, mas sim quando sua referência ao social revela nelas próprias algo de essencial, algo de fundamento de sua qualidade. A referência ao social não deve levar para fora da obra de arte, mas sim levar mais fundo para dentro dela (ADORNO, 2003, p. 66).

A perspectiva de Henriqueta sobre a relação entre lírica e social aproxima-se da visão de Adorno. No livro *Vivência poética* (1979), ela trata, com clareza, a relação do poeta moderno com o tempo em que vive:

> Nada impede que um poeta moderno se reporte a argumentos antigos, por exemplo – o anjo – símbolo estável desde que o faça em termos de atualidade, transportando-o do real para o ideal e deste para o imaginário. (...) Força é reconhecer: nenhum poeta sobrevive se se distancia do tempo que vive. O que se alienar trairá seu coração e sua consciência. Mesmo sem alusão direta a circunstâncias, o poeta se acusa como ser comunitário. Pois a crispação de uma sensibilidade ferida será mais evidente do que a denúncia ou notação de eventos. (...) A máquina, por suposto, é foco de atenção em nossos dias. Mas para que se manifeste certa atitude diante dessa cousa avassaladora, não é necessário que o vocabulário máquina figure explicitamente num texto literário (LISBOA, 1979, p. 17-18).

Em Henriqueta, o caráter universal da poesia encontra-se atrelado ao elemento humano, expresso na e pela linguagem: "Porém não há dúvida: a poesia arranca das raízes mais profundas da língua, é sua mesma fonte perene e sua força restauradora, pois exprime o que há em nós de humano – o antigo e o nôvo [*sic*]" (LISBOA, 1968, p. 18).

Podemos identificar nas palavras de Henriqueta Lisboa a procura por construir um significado capaz de fundamentar o mundo e dar um sentido a sua existência em busca do ideal artístico e humano de perfeição.

Trata-se do jeito particular de Henriqueta Lisboa de refletir sobre a existência, isto é, ao abordar os problemas sociais não fica presa ao aqui /agora, mas discute a partir de uma perspectiva existencial de grande alcance. Há uma permanente interrogação sobre as coisas, o Ser e o mundo. Além disso, ao se questionar sobre o passado, o eu poético revela não que está preso ao modelo linear de temporalidade em que predominava a simetria passado, presente, futuro, mas, ao contrário, suspeita que o tempo é um espiral que aproxima ou distancia elementos atuais do passado e do futuro.

Considerações finais

Henriqueta Lisboa pertence a uma geração de escritoras que sofreram em decorrência do preconceito em relação à produção literária feminina. O espaço no meio literário era ocupado predominantemente por homens cuja visão em relação à literatura feita por mulheres era quase sempre marcada pela depreciação. Ao contrário do que pensavam muitos críticos e escritores contemporâneos sobre a mulher escritora no início do século XX, a escritora se mostra como uma profunda conhecedora da área literária.

Diante dos aspectos destacados, a realização deste estudo reafirmou em nós a certeza de que é imprescindível direcionarmos nosso olhar para escritoras "esquecidas" da historiografia literária como Henriqueta Lisboa. Para tanto, precisamos reconhecer, levando em consideração as condições e injunções sociais, o esforço das escritoras para fazer da sua escrita o meio para conseguir vez e voz.

No caso de Henriqueta Lisboa, o acesso às suas correspondências, entrevistas, assim como os seus ensaios, sobre os quais quase nada se disse, revelou-nos muito da sua "mobilidade intelectual", ao ocupar lugares importantes para a mulher escritora no século XX: poetisa, educadora, ensaísta. Ao refletirmos sobre as palavras da escritora mineira, percebemos nelas o desejo de vencer as ordens; as opressões; o corpo subjugado.

A postura reducionista de grande parte da crítica, durante o século XX, período em que "antigo" era sinônimo de passadismo e todas as forças se mobilizavam para lhe dar combate (LINHARES, 1976, p. 70), dentre outros aspectos, influenciou na pouca visibilidade da autora e da sua obra na historiografia literária brasileira. Um exemplo disso é que não existe qualquer referência ao nome de Henriqueta Lisboa na *Pequena bibliografia crítica da literatura brasileira* (1951), de Otto Maria Carpeaux, como também na *Apresentação da poesia brasileira* (1946), de Manuel Bandeira, duas obras de referência na historiografia brasileira.

Apesar de todo esse contexto de adversidades, Henriqueta Lisboa, assim como muitas mulheres de sua geração, além da produção literária, dedicou-se à crítica e à teoria literária.

Referências

ADORNO, Theodor W. Palestra sobre lírica e sociedade. *In*: ADORNO, Theodor W. *Notas de literatura I*. Trad. Jorge M. B Almeida. Coleção Espírito Crítico. São Paulo: Duas Cidades; Ed. 34, 2003.

BERARDINELLI, Alfonso. *Da poesia à prosa*. Trad. Maurício Santana Dias. São Paulo: Cosac Naify, 2007.

BOLLE, Adélia Bezerra de Meneses. *A obra crítica de* Álvaro *Lins e sua função histórica*. Rio de Janeiro/Petropólis: Vozes, 1979.

GONÇALVES, Lisbeth Rebollo. *Sérgio Milliet, crítico de arte*. São Paulo: Edusp, 1992.

HEGEL. *Estética: Poesia*. Trad. Álvaro Ribeiro. Lisboa: Guimarães, 1980.

HUSSERL. *HUSSERL: vida e obra*. Os Pensadores. São Paulo: Nova Cultural, 2000.

LINHARES, Temistocles. *Diálogos sobre a poesia brasileira*. São Paulo: Melhoramentos, 1976.

LISBOA, Henriqueta. *Vivência poética*: Belo Horizonte: São Vicente, 1979.

LISBOA, Henriqueta. *Vigília poética*. Belo Horizonte: Imprensa Oficial, 1968.

LISBOA, Henriqueta. *Convívio poético*. Belo Horizonte: Imprensa Oficial, 1955.

LISBOA, Henriqueta. *Alphonsus de Guimaraens*. Coleção Nossos Grandes Mortos. Rio de Janeiro: Agir, 1945.

NEVES, Ana Lúcia Maria de Souza. O diálogo de Henriqueta Lisboa com escritoras latino-americanas. *Scripta*, v. 18, n. 35, p. 105-124, 2014.

PAZ, Octavio. *Signos em rotação*. Trad. Sebastião Uchoa Leite. São Paulo: Perspectiva, 2009.

SILVA, Anderson Pires da. *Mário e Oswald*: uma história privada do Modernismo. Rio de Janeiro: 7 Letras, 2009.

SOUZA, Eneida Maria de (org.). *Correspondência Mário de Andrade & Henriqueta Lisboa*. São Paulo: Peirópolis/ Edusp, 2010.

SÜSSEKIND, Flora. *Papéis colados*. 2 ed. Rio de Janeiro: UFRJ, 2002.

TELLES, Norma. Escritoras, escritas, escrituras. *In*: DEL PRIORE, Mary (org.) *História das mulheres no Brasil*. 9 ed. São Paulo: Contexto, 2010.

VALÈRY, Paul. Poesia e Pensamento abstrato. *In*: VALÈRY, Paul. *Variedades*. Trad. Maiza Martins Siqueira. São Paulo: Iluminuras, 2007.

Concepção de morte-linguagem na poesia de Henriqueta Lisboa

Marcia de Mesquita Araújo

A temática da morte circunda algumas obras de Henriqueta Lisboa de forma significativa e emblemática e, talvez por isso, a escritora tenha ganhado dos críticos o epíteto de "poeta da morte", título esse que não a lisonjeava. Pensar nessa temática pode nos remeter, em primeira instância, àquilo que finda, em algo pesaroso e factual, fúnebre; entretanto, a poesia de Henriqueta Lisboa parece ressoar no conhecimento de uma linguagem que vem do âmago, como resultado de experiências vivenciadas de forma profunda. Podemos mencionar dois momentos, em especial, em que a dor de Henriqueta se sublima através da palavra poética: a morte do estimado amigo Mário de Andrade e a de seu pai, o grande "cedro", de quem Henriqueta herdara a seiva. E é na linguagem poética que a dor dessas mortes se transfigura, metamorfoseia-se:

ELEGIA

A princípio os mortos
eram dois ou três.
Não mortos, sombras:
um velho, uma criança,
mais alguém talvez.

Tranquilos corpos
sob umas lápides.
Em cima e em torno
flores e pássaros.

Os mortos pertenciam à morte
como as pedras e as plantas
a seus reinos.

Com isso, aos poucos
foi crescendo o número.
De várias pessoas
quedavam lacunas.
E também, para os lazeres,
vinham vestidos de luto,
confidências, soluços,
delicados bocejos.

Nesse tempo a morte
pertencia ao cotidiano.

Foi então que o raio
caiu sobre o cedro.
Seiva de minha seiva
corria dentro do cedro.
Carne de cera fria
com minhas mãos toquei,
Olhos neutros de vidro
com meus próprios olhos vi.

Que noite, que tempestade,
que impetuosos aquilões,
ai! Que torrente dos vales,
que babel com seus dilúvios,
que bando de salteadores,
com que espadas, com que foices,

com que brutais extorsões,
que abutres ávidos, ávidos,
e com que garras aduncas,
que nuvem de gafanhotos
e com que bocas hediondas
se haviam juntado acaso
nesse campo devastado?...

Náusea, horror, despojamento,
primeiro corpo sem brio.

De então a vida
pertence à morte.

De então na lua
se acendem verdes
círios diluentes
sobre o marfim.

(LISBOA, 1985, p. 154)

O cedro, árvore conhecida por sua força, resistência, imponência e longevidade pode ser a representação paterna anunciada no eu lírico: "seiva da minha seiva/ corria dentro do cedro". É como se a voz poética olhasse para os efeitos da morte em um corpo que fora muito estimado, como se perseguisse e observasse cada detalhe, como se fosse a última vez ao mirá-lo: "Carne de cera fria/ com minhas mãos toquei, / Olhos neutros de vidro/ com meus próprios olhos vi".

A princípio eram dois ou três, mas aos poucos foi crescendo o número de mortos, até atingir o "cedro". Nem mesmo o grande cedro, com toda sua firmeza, resistiu ao encontro da morte. Ela, então, chega ceifando as vidas de todos, como um ato cotidiano, "a morte pertencia ao cotidiano", mas ainda assim, a náusea, o horror diante dos olhos do eu lírico, pela constatação do corpo sem brio, acontece. Destarte, a vida, então, pertence à morte, e o rito fecha o ciclo e o poema:

> De então na lua
> se acendem verdes
> círios diluentes
> sobre o marfim.
> (LISBOA, 1985, p. 154)

Nos poemas de Henriqueta a dor vai se transmudando aos poucos e, com a beleza dos versos, vamos mergulhando mais e mais no universo das palavras que fluem. No lugar da infelicidade, que pode sugerir o tema, encontramos o acolhimento, a sedução, a beleza, ainda que a tensão esteja presente. Essa beleza aparece em um dos poemas conhecidos de *A face lívida* (1945), e o mistério, trazido pela morte, conserva-se. É o que observamos no poema "Os lírios":

> OS LÍRIOS
>
> Certa madrugada fria
> irei de cabelos soltos
> ver como crescem os lírios.
>
> Quero saber como crescem
> simples e belos – perfeitos! –
> ao abandono dos campos.
>
> Antes que o sol apareça
> neblina rompe neblina
> com vestes brancas irei.
>
> Irei no maior sigilo

para que ninguém perceba
contendo a respiração.

Sobre a terra muito fria
dobrando meus frios joelhos
farei perguntas à terra.

Depois de ouvir-lhe o segredo
deitada por entre os lírios
adormecerei tranquila.

(LISBOA, 1985, p. 105-106)

A leveza que está presente nos versos de Henriqueta faz com que pensemos na morte como algo desejado, ou, se não desejado, muito certo, o que leva o leitor a sentir a confiança e curiosidade de que o eu lírico sente diante do segredo da morte, de como crescem os lírios, perfeitos, ao abandono dos campos. Do traje é escolhida a cor: branco. A leveza dos versos também está na leveza dos passos de quem busca na madrugada, sem que ninguém perceba, esse segredo. O eu lírico revela uma figura feminina, em que irá com um "véu" natural ver como crescem os lírios. Seu "véu" natural seria seus cabelos soltos, véu este que lhe encobrirá no sigilo que deseja e a protegerá em meio à madrugada fria.

Os cabelos podem também ser considerados o véu natural da mulher, véu pressupõe mistério, mostrar os cabelos soltos seria revelar a intimidade da mulher. O véu esconderia o segredo de sua feminilidade. O simbolismo do véu para os povos do Oriente é ancestral, possuindo conotações sagradas. Os cabelos também podem representar fonte de poder, são um símbolo de instinto, de sedução feminina. E é assim que o eu lírico busca a realização que deseja, com seus cabelos soltos.

Desse modo, a voz poética está pronta para a passagem, para a revelação que a terra, lugar físico em que repousam os mortos, pode lhe dar ao recebê-la para o sono profundo do finamento. Eis que, então, o sono lhe é permitido, na tranquilidade de quem alcançou seu destino, de quem fez a sua colheita e agora pode, depois de deslindar o segredo, dormir tranquilamente, deitada por entre os lírios perfeitos. O desejo se consuma. Já não há mais. Nesse caso, revelado o segredo, há a morte que responde, que define as verdades da vida. Adentrando o espaço poético, no entanto, refletimos: as questões podem ser respondidas no âmbito da poesia? O poema permite que o segredo seja revelado, ou o mistério da poesia e da morte persistem sem resolução?

Silêncio e morte andam juntos na linguagem poética. Os livros de Maurice Blanchot, publicados na França, trazem invariavelmente em seu início, à guisa de "informação", os seguintes dizeres: "Maurice Blanchot, romancista e crítico, nasceu em 1907. Sua vida é inteiramente dedicada à literatura e ao silêncio que lhe é próprio".[1] Nossa caminhada entre a morte e o silêncio na palavra poética nos leva ao encontro do silêncio blanchotiano e do silêncio do poema "Silêncio da morte", do livro *Flor da morte*:

SILÊNCIO DA MORTE

Silêncio da morte, perfeito
como uma flor e seu cálice.
Nudez de céu de ponta a ponta

---

1 Tradução nossa. No original: "*Maurice Blanchot, romancier et critique, est né en 1907. Sa vie est entièrement vouée à la littérature et au silence qui lui est propre*".

azul sem mácula.
Neve por toda a eternidade
consumada nos píncaros.

Silêncio da morte, campo
de ópio. Adormecedor
balanço entre margens.
Anjos que se debruçam e alçam,
confundindo-se com os turíbulos.
Contemplação beatífica
de ciprestes. Gozo
do vácuo.

Silêncio da morte, pavor
das furnas. Trágica escassez
de cinzas. Fera
de olhos oblíquos espreitando
a ampulheta.

Impossível recuo. Tempo máximo.
Salto de corpo ao mar,
urgente, urgente mar
sobre a presa, fechando-se.
(LISBOA, 1985, p. 182-183)

Não se pode afirmar sem equívoco o que diz o poema, pode-se apenas contemplar suas imagens e refletir sobre a poesia, a morte, o silêncio. As palavras sugerem inicialmente a perfeição, o acabado: "uma flor e seu cálice", o azul total do céu, "sem mácula", o campo de neve de "eternidade consumada nos píncaros". A perfeição que, não obstante, carrega a sugestão do tempo infinito. O que está feito parece então sofrer um abalo: o "campo de ópio", o que faz dormir e delirar no "balanço entre margens", entre os movimentos dos anjos com turíbulos confundidos, em cena indiscernível, sem contornos distintos, no êxtase da contemplação beatífica, que turva a perfeição exibida inicialmente. Tudo isso parece ser resumido nos dizeres: "Gozo do vácuo". Inevitavelmente o pensamento nos remete a Mallarmé na sua busca de sua impossível Herodiade: escavar, ir ao fundo do verso leva o poeta aos dois abismos: o nada e o vazio do próprio peito. O gozo do vácuo, o vazio da palavra poética.

O desfilar das imagens, aparentemente desconexas, prossegue em sua inquietação: feras, furnas, o horror do vazio, "trágica escassez das cinzas": leito do morto, último abrigo, resíduos, memória, legado? Trágica impossibilidade de transformar a morte em ação, confinando-a ao silêncio, ao *désoeuvrement*. O tempo que escoa sem perspectiva de estabelecer uma conclusão. A escassez, o impossível. Assim como é impossível o recuo.

Para onde vão as palavras poéticas não se sabe, elas apenas vão, em sua inconclusão, até realizarem o movimento inevitável, a mudança de sinal, o salto sobre a presa, o mar que se fecha sobre a presa. Que presa é essa? A morte e o seu silêncio, como quer o título do poema? Mas a morte e seu silêncio, a buscar o pensamento que procuramos desenvolver neste trabalho, não perseguem a palavra poética? Seria demais pensar na presa como a palavra, a linguagem? Não é ela a vítima do sacrifício, e não é ela, portanto, a presa de que o poema fala, que adquire nova feição no tempo máximo, o tempo da ausência de tempo, até sondar o horror em seu limite? Deste ponto não se pode recuar, só se pode dar o salto; a palavra-presa, a palavra-vítima torna-se o dizer absoluto, o silêncio de Maurice Blanchot e que nos elucida o processo de criação literária como o vazio que atrai o escritor que se deixa levar; e o silêncio henriquetiano.

A imagem do salto aparece em outro poema de Henriqueta, "O saltimbanco", em que se pode imaginar esse movimento como a força criadora, que rompe a relação comportada entre significado e significante, que conduz à linguagem poética na direção do abismo – ou dos abismos mallarmeanos de vazio e nada. Este caminho que empreende a poesia pressupõe ainda o desaparecimento do poeta, que se retira para que o poema se escreva. Desaparecimento, morte. Não a morte asséptica que tudo conclui e arruma, mas a morte infinita, o estar a morrer, como Orfeu em sua dupla e persistente morte, Orfeu que se liga pelo canto, pela arte àquela que perdeu. Morte sem fim. Se Orfeu salva Eurídice, seus problemas estão terminados, bastando invocar a fórmula surrada: "viveram felizes para sempre". Mas a literatura não quer que ninguém viva feliz para sempre, o artista já morre em sua entrega à arte, e nessa entrega ele se dissocia das significações que apontam para uma saída.

Novamente pensamos na poesia pura que Henriqueta Lisboa reivindica, não contaminada pelo mundo, sobretudo, pela linguagem do mundo. Para o escritor, a obra não passa de "uma ilusão sob a forma de um livro"[2] (BLANCHOT, 1999, p. 16); ao invés de exercer poder sobre ela, ela é que se apodera dele, ela é a que conduz ao outro lado, ela é a que instiga o salto e que propicia o fechamento do mar sobre a presa-palavra, e este outro lado, este mar é "o lado que não é voltado para nós, nem iluminado por nós"[3] (BLANCHOT, 1999, p. 170); é "a relação pura", "o fato de estar, nessa relação, fora de si, na própria coisa e não numa representação da

2 Tradução nossa. No original: "*illusion sous la forme d'un livre*".

3 Tradução nossa. No original: "*le côté qui n'est pas tourné vers nous, ni éclairé par nous*".

coisa"[4] (BLANCHOT, 1999, p. 172), conforme diz Blanchot reportando-se a Rainer Maria Rilke. O salto, o desvio, para Blanchot, é "o que nos escapa essencialmente, uma espécie de transcendência, mas da qual não podemos dizer que tenha valor e realidade, da qual sabemos somente que estamos 'desviados' dela"[5] (BLANCHOT, 1999, p. 170). Se "o limite detém-nos, retém-nos, empurra-nos em direção àquilo que somos, volta-nos para nós, desvia-nos do outro, faz de nós seres desviados"[6] (BLANCHOT, 1999, p. 131), o desvio, o salto propicia nosso acesso ao ilimitado, ao espaço literário, à "liberdade do que é livre de limites" (BLANCHOT, 1987, p. 131), àquilo que é sem representação, o lado obscuro da linguagem, a linguagem da poesia.

Flor da morte (1949), um dos livros mais comentados pela crítica na época e a *posteriori*, em que figura o poema acima comentado, "O silêncio da morte", traz o tema e/ou a forma da morte em todos os seus quarenta e dois poemas. Não obstante, essa morte, ou melhor, essas mortes, figurações inconclusas e que transcendem qualquer época, parece surgir com um teor mais natural, suave, ameno, de forma mais branda; já diferenciado do sentimento ou sensação de

4 Tradução nossa. No original: "*le pur rapport*", "*le fait d'être, dans ce rapport, hors de soi, dans la chose même et non dans une représentation de la chose*".

5 Tradução nossa. No original: "*ce qui nous échappe essentiellement, une sort de transcendance, mais dont nous ne pouvons pas dire qu'elle ait valeur et réalité, dont nous savons seulement que nous en sommes 'détournées'*".

6 Tradução nossa. No original: "la limite nous tient, nous retient, nous repousse vers ce que nous sommes, nous retourne vers nous, nous détourne de l'autre, fait de nous des êtres détournées".

tensão, que é possível experimentar em *A face lívida*, sugerindo-nos, talvez, a sua mudança ou amadurecimento junto ao tema da morte, na sua fase anterior.

Além da presença temática, empenhamo-nos em investigar como a noção de morte se impregna na linguagem poética de Henriqueta Lisboa. Nossa linguagem, segundo Blanchot, encerra um duplo sentido inicial, uma ambiguidade original que congrega forças tão idênticas quanto opostas, igualmente poderosas, poder que carrega a ambiguidade e a mantém. Ainda que a linguagem esteja, neste momento, trabalhando na limpeza e assepsia das coisas do mundo, ela estará também, simultaneamente, se afirmando e se desdobrando como outras possibilidades, configurando o que Blanchot chama "duplo sentido irredutível" (1997, p. 330). Pensando dessa forma, a linguagem transita entre a transparência e a opacidade:

> Além de cada momento da linguagem poder se tornar ambíguo e dizer coisa diversa do que diz, o sentido geral da linguagem é incerto, não sabemos se ela expressa ou se representa, se é uma coisa incerta ou se a significa; se está ali para ser esquecida ou se se faz esquecer apenas para ser vista; se é transparente por causa do pouco sentido do que diz ou clara pela exatidão com que o diz, obscura porque diz demais, opaca porque nada diz (BLANCHOT, 1997, p. 328).

Pode-se acrescentar algo às palavras de Blanchot e refletir sobre elas pensando na questão do enunciado e da enunciação. O conteúdo é fútil, o dito é frívolo; o dizer, a enunciação pode conferir força ou fraqueza à inanidade do enunciado. A ambiguidade última da literatura a atrai para o ponto instável em que a troca de sinal se processa inadvertidamente.

Num momento, a linguagem carrega a morte "Restauradora" (LISBOA, 1985, p. 176), palavra que nomeia um poema do livro *Flor da morte*, de 1949: morte cruel, porém limpa. Em vida somos a desordem da carne; a morte reordena o desarranjo com sua assepsia de fâmulo:

> RESTAURADORA
>
> A morte é limpa.
> Cruel mas limpa.
>
> Com seus aventais de linho
> — fâmula — esfrega as vidraças.
>
> Tem punhos ágeis e esponjas.
> Abre as janelas, o ar precipita-se
> inaugural para dentro das salas.
> Havia impressões digitais nos móveis,
> grãos de poeira nos interstícios das fechaduras.
>
> Porém tudo voltou a ser como antes da carne
> e sua desordem.
>
> (LISBOA, 1985, p. 176)

Para Blanchot, a morte pode agir na linguagem ou como o "movimento da palavra para sua verdade" ou o "retorno ao fundo obscuro da existência" (BLANCHOT, 1997, p. 329). A morte asséptica é a que nos permite compreender, apagando as impressões digitais e grãos de poeira, reestabelecendo a ordem, o poder de compreender, "a chegada da verdade ao mundo". Impiedosa, mas civilizatória, permite-nos ver "o ser inteligível que se constrói, o sentido que se forma" (BLAN-

CHOT, 1997, p. 330), "o poder civilizador que resulta na compreensão do ser".

A morte restauradora é a morte possível, a morte a que temos direito, que condiciona a compreensão à privação da existência, que propicia o apaziguamento do ser após o ser, conduzindo-o ao "antes da carne e sua desordem" (LISBOA, 1985, p. 177). Essa morte limpa conduz-nos a um outro momento, em que a linguagem trava sua luta para tornar claras as tarefas, as ordens, as disposições, e, no entanto, impera a desordem e o mal-entendido; a suposta transparência das palavras não consegue suprir a inanidade e a frivolidade do que costumamos chamar seriedade. É curioso que o poema aponta para a morte como o fim que permite concluir, a chegada que permite compreender, restaurando, como sugere exemplarmente o título, uma paz que a linguagem poética não consegue, afinal, sustentar com seus dizeres e significados. Por onde passou essa que é limpa e cruel? Que ficou desse nada sobre o qual a assepsia da morte repousa? É a negação que permite a chegada da verdade ao mundo, a construção de um ser inteligível, a formação de um sentido inequívoco que a poesia não permite.

Há, entretanto, a outra morte, a que conduz à obscuridade, que é a morte que não se conclui, o estar a morrer da literatura.

No poema "Tua memória", de *Flor da morte*, o cubo de cristal promete um objeto de leitura definida:

TUA MEMÓRIA

Tua memória é um cubo
de cristal.
Tomo-a nos dedos, sob os olhos,
límpida, enxuta,
limitada, nítida.

Éter, brasa em conserva,
gelo, joia sem uso,
líquido em bojo, malva
pelo espelho, seródia,
lua talhada
de ângulos.

Face por face,
toco-a,
examino-a.
Alfinetes irrompem
aqui e ali
riscando luz, retidos
pelas paredes.
Intermitentes focos
em circuito,
surdo relógio
repetindo-se.

Ah, o ardor que não flui!

Dádiva e aresta.

(LISBOA, 1985, p. 176)

As faces planas apresentam-se diante dos olhos como forma "límpida, enxuta, limitada, nítida". Condições favoráveis, portanto, à leitura, à visão, à compreensão. A memória, um cubo, tal qual um poema que, sob os olhos, mostra-se um artefato construído por palavras verdadeiras nas quais se pretende ler, ver, intuir, saborear um significado que vai me apontar as verdades de que preciso para viver. Uma obra feita de palavras reais que constroem um mundo imaginário, em que tudo o que exibe foi tirado do que chamamos realidade, e esse tudo se transforma em nada pela inacessibilidade que permite quando muito percorrer o acesso, a travessia, mas não o ponto de chegada. Não obstante, tudo aquilo para que as palavras apontam, o fogo, o gelo, a joia, a malva, o líquido, tudo aquilo resiste a minha ilusão de que terei acesso à tua memória. Como não ler aquilo que as palavras significam? Mas, afinal, o que significam as palavras, por que não se dão a conhecer, encerradas em seu bojo, presas em seu espelho, conservadas poeticamente na inutilidade de sua existência? Por que tua memória, tuas imagens e palavras se recusam a mim? Alfinetes que espetam, focos intermitentes que cegam, relógio que se repete sem construir o sentido de tua memória, de teu tempo, de que necessito e que se nega a mim, a meus sentimentos, escoando-se em sua errância? Por que a tua morte não me permite compreender-te, por que a tua morte não me permite compreender a tua morte? "Ah, o ardor que não flui!". Deste-me o cubo de faces planas de cristal, em que tinha esperança de compreender, de acessar o possível; ficaram-me as arestas da incompreensão, da impossibilidade de agir. "Dádiva e aresta".

Frustrada a esperança de compreender, salva-se o poema em seu desvencilhar das tarefas. Fica o sussurro do vento, que faz balbuciar as palavras, interceptadas, como no poema "Acidente", também de *Flor da morte*:

ACIDENTE

Quebra-se o púcaro de fino
cristal vibrante contra lájea:
restam avelórios feridos.

Do vento escuto o balbucio
por entre os galhos das árvores.
Percebo-lhe o timbre, o ritmo.
Porém não as palavras:
interceptadas, interceptadas.

(LISBOA, 1985, p. 191)

No poema acima, a morte parece concretizar-se no desastre doméstico, fortuito: a quebra do púcaro "de fino cristal vibrante". A transparência das palavras em sua pretensa inteireza esfacela-se em balbucio, em significante, em opacidade. O sentido, interceptado, não cumpre a função da morte reparadora, restauradora. O vento entre os galhos das árvores percorre um itinerário de sentido imprevisível, ou sem sentido. As palavras são interceptadas em sua viagem, não chegam ao destino, não podem cumprir sua função de significar. O desastre impede o conhecimento, as palavras do poema assumem as consequências do desastre, e dirigem-se à outra noite: "*— Noite, noite branca — assim o desastre, essa noite a que falta a obscuridade, sem que a luz clareie*"[7] (BLANCHOT, 1991, p. 8).

Na leitura do poema "Rosa plena", de Henriqueta Lisboa, retomamos as considerações sobre a instabilidade do símbolo, em que afirmamos que não se pode estabelecer uma correspondência segura para as imagens poéticas. Uma das imagens então comentadas é a do anjo; outra é a do trigo e do joio. Notamos então que não se pode estabelecer uma associação transparente entre os símbolos mencionados e a carga

7 Tradução nossa. No original: "*– Nuit, nuit blanche – ainsi le désastre, cette nuit à laquelle l'obscurité manque, sans que la lumière l'éclaire*".

cultural que os envolve. Em "Rosa plena" defrontamo-nos com um amontoado de ideias relacionadas à liturgia da igreja católica cuja hermenêutica é precária para nos conduzir aos sentidos poéticos. Ao buscar um diálogo com o poema, contudo, muitas outras reflexões emergem da opacidade para transitar reluzentes em nossos pensamentos. Antes de tudo, vamos à leitura do poema:

ROSA PLENA

Rosa plena. Em glória
De cor
                                        de forma
de febre
                        de garbo.
Em auréola sobre si mesma
– estática.
Em arroubo diante da luz
– dinâmica.
Enrodilhada em aconchego de colcha
buscando o núcleo.
Fugindo-lhe ao cerco.
– asas flamejantes.

Rosa plena.
                        Turíbulo. Ostensório.
Convite à valsa dos ventos.
Tributo ao círculo – perfeição
de chegar e partir.
Cada pétala é um sonho de retorno.
E as pétalas se avolumam compactas
e esmaecidas logo se despejam
ao longo e ao largo
                                    – no fascínio
do pretérito pelo devir.

Sangue em oblata
                    no altar maior.
Amor e morte
                 pela revelação.
Rosa plena.
             Poesia
que se fez carne.

(LISBOA, 1985, p. 514)

Para sondarmos esse texto poético de Henriqueta solicitamos o auxílio de um pensador tão raro quanto controvertido, cujas reflexões sobre a poesia consideramos preciosas pelo respeito profundo que ele demonstra pela obra de arte, pela maneira ao mesmo tempo reverente e brilhante como aborda o poema. Martin Heidegger afirma que a linguagem não é nem uma expressão (de pensamentos, sentimentos etc.), nem propriamente uma atividade humana, e nem uma representação. Essas definições clássicas de linguagem, para Heidegger, são insuficientes para tocar a essência da linguagem. Para Heidegger (2003, p. 10), "a linguagem fala", isto é, não é há um ser que diz a linguagem, nem essencialmente um enunciador qualquer. Ele repete várias vezes: "A linguagem fala". Para buscar esse dito que fala, ele privilegia a palavra poética, que entre todas é a que diz genuinamente: "Dizer genuinamente é dizer de tal maneira que a plenitude do dizer, própria ao dito, é por sua vez inaugural. O que se diz genuinamente é o poema" (2003, p. 12). Tentemos então buscar no poema, nos poemas, o falar da linguagem, e para tanto, é necessário escutar o poema, ouvir atentamente sua linguagem – este é o pensamento poético que nos permite abordar o poema.

Quando se lê o poema "Rosa plena", acima transcrito, é, no mínimo, insólito pensar em um ser que esteja olhando para uma rosa e tentando descrevê-la linguisticamente – ou buscando representá-la, ainda que numa linguagem poética. Essa rosa poética, então, pode-se dizer com Mallarmé, é a "ausente de todos os buquês" (2010, p. 167). Heidegger diz que a linguagem do poema é genuína, e associa essa condição ao fato de ela ser inaugural, isto é, ela não repete, nem representa, nem diz algo sobre algo. Em *A origem da obra de arte*, o pensador já havia comentado esse caráter inaugural da poesia: a *fundação*, a *instauração* da verdade: "fundar como doar, fundar como fundamentar, fundar como principiar" (MALLARMÉ, 2010, p. 190). Nossa caminhada pelo poema pode nos sinalizar a ideia de fundação nos seguintes versos:

> Sangue em oblata
> no altar maior.

Recusamo-nos a pensar nesta *oblata* como uma oferenda a Deus, nos moldes cristãos ou católicos, e no "altar maior" como o repositório das oferendas. Pensando poeticamente, a oblata é a origem do poema, a ideia de doação, de instauração, conforme Heidegger preconiza. Mesmo de maneira um pouco simplista, pode-se relacionar o altar maior à arte.

A leitura do poema, o pensar poético sobre ele nos conduz ao pensamento veiculado nos dois versos finais:

> Poesia
> que se fez Carne.

Pode-se dizer então que esta rosa plena está associada ao dizer poético, à palavra da poesia. Isso parece facilitar nosso caminho pelo pensar poético, mas essa aparente facilidade pode ser enganadora. Essa poesia feita carne pode ser pensada de várias maneiras, mas conduzimos nosso pensamento poético para o reforço da ideia de que poesia não é representação. As palavras se tornam carne, a poesia é, a poesia *está*, a poesia *existe*, e sua verdade não se encontra em uma representação, mas em seu próprio ser – o *Geschaffenseins*, ou "ser-criado", para utilizar uma expressão de Heidegger.

O poema confere atributos de cor, de forma, de febre e de garbo à rosa em glória. Podemos então dizer que esses atributos, assim como outras figurações do poema, como ostensório, turíbulos, oblata, podemos chamar de símbolos. Pensamos então no que significa o símbolo poético para Blanchot. A poesia é feita de símbolos, segundo ele, e normalmente temos uma ideia tradicional de que o símbolo se relaciona a algo que já existe, mas devemos repensar dentro da poesia essa ideia. Um exemplo da utilização convencional do conceito é a linguagem religiosa, que estabelece símbolos e nisso nasce a hermenêutica, que tem a função de fixar o símbolo. Na poesia o símbolo não pode ser fixado, não pode ser moldado em uma metafísica representacional eclesiástica. Pensamos em primeiro lugar no tom da linguagem religiosa, em sua inculcação de moralidade, que exige a consolidação do símbolo como algo inequívoco, que não admite instabilidades. A poesia, por sua vez, não funciona assim, ela é o próprio local da inquietação, da intranquilidade.

No poema "Rosa plena", Henriqueta se utiliza de elementos como auréola:

> Em auréola sobre si mesma
> – estática.

Em arroubo diante da luz
– dinâmica.

Auréola é tradicionalmente símbolo de santidade, bondade. Essa santidade simboliza, numa visão mais tradicional, uma pessoa santa, um anjo, por exemplo. A palavra já foi carregada com um pré-sentido. No fragmento "auréola sobre si mesma", há a ideia de que ela emana a energia do ser, no caso da rosa, ela é imanente e não transcendente.

A ideia de transcendência está ligada a uma anterioridade, que se opõe à de imanência, que é algo que é provocado pelo ser, e ao falarmos de uma linguagem transcendente, esse transcender o signo é remeter a algo que está lá, e a imanência traz a ideia de que o próprio signo emana esse devir, esses sentidos, como se algo partisse daquele ser, signo poético.

A palavra estática, ainda no mesmo verso comentado, pode ser pensada como intransitividade, no sentido de que não se tem um objetivo, uma chegada, ou seja, não há um sentido pronto para o qual ela vai remeter. Esse estático intransitivo está, portanto, ligado à noção já comentada de instauração. Mas se é estática, como a poesia pode ser dinâmica? Não haveria aí uma contradição, um oxímoro? Essa é uma outra questão discutida por Heidegger em seus textos. Nossa cultura iluminista habituou-se a ver nas ideias, e nas palavras que as veiculam, traços de inclusão e exclusão que estabelecem a lógica do pensamento metafísico. O pensamento poético, não obstante, não se conforma a essas determinações, e vai além. Heidegger afirma: "Pensado rigorosamente como o aquietar do quieto, o repouso movimenta-se muito mais do que um movimento e tem muito mais movimentação do que qualquer moção" (HEIDEGGER, 2003, p. 23).

No verso "arroubo diante da luz", esse arroubo (arrebatamento, êxtase) diante da luz, dinâmica, poder-se-ia pensar na luz como nossa cultura, ela é quase como sinônimo de clareza, razão, da lógica, conforme nossos códigos iluministas. Não obstante, o arrebatamento é justamente o contrário disso, estar arrebatado é estar distante da compreensão. As palavras podem até pretender ser claras, mas não são claras totalmente, e a palavra poética é que vai nos levar ao arrebatamento, ao fascínio.

De forma semelhante, há um aparente paradoxo entre as expressões "enrodilhada em aconchego", e "fugindo ao cerco", que novamente nos remete ao embate entre estaticidade e movimento. No verso "Enrodilhada ao aconchego de concha procurando o núcleo", Henriqueta usa a palavra núcleo de uma outra forma, não como um ponto de sustentação, mas como algo que jamais vamos atingir, dessa forma permanece a busca, a eterna e infinita busca, como o centro de um livro, de que fala Blanchot:

> Um livro, mesmo fragmentário, possui um centro que o atrai: centro esse que não é fixo, mas se desloca pela pressão do livro e pelas circusntâncias de sua composição. Centro fixo também, que se desloca, é verdade, sem deixar de ser o mesmo, e tornando-se sempre mais central, mais esquivo, mais incerto, e mais imperioso. Aquele que escreve o livro, escreve-o por desejo, por ignorância desse centro. O sentimento de o ter tocado pode nada mais ser do que a ilusão de o ter atingido; quando se trata de um livro de esclarecimentos, há uam espécie de lealdade metódica a declarar na dicção daquele ponto para o qual parece que o livro se dirige: aqui, na direção das páginas intituladas O olhar de Orfeu[8] (BLANCHOT, 1959, p. 9).

---

8 Tradução nossa. No original: "Un livre, même fragmentaire, a un

O centro, ou o núcleo, é fixo e móvel ao mesmo tempo, atingi-lo é sempre uma ilusão, o que importa é a busca.

Ao mesmo tempo, a palavra poética foge desse núcleo, ou da tentativa de aprisionamento que o núcleo pode sugerir. O poema busca o núcleo, a rosa, mas não quer ser capturada por ele, é a recusa da clausura, ao mesmo tempo que ela está enrodilhada e busca o centro, as asas aflantes (bafejantes, ofegantes) e flamejantes procuram fugir da clausura.

Outro símbolo que Henriqueta nos traz é o turíbulo, utensílio incensório utilizado nas missas como objeto usado na queima de incenso como forma de consagrar e honrar o altar, os sacerdotes e os próprios fiéis, e, hoje em dia estendeu-se também às oferendas do pão e do vinho. A fumaça do turíbulo é perfumada, um perfume que sobe ao céu, uma purificação. Já o ostensório é o objeto litúrgico, que tem uma forma que nos remete ao sol, é usado para a bênção do Santíssimo Sacramento e nele é colocada a hóstia consagrada para a adoração de Jesus Cristo. Ao refletirmos sobre esse círculo representativo, em forma de sol, podemos pensar que o círculo não tem partida nem chegada, bem como as tem todas, assim como o poema: não tem partida nem chegada, e tudo é partida e che-

---

centre qui l'attire: centre non pas fixe, mais que se deplace par la presison du livre et les circonstances de sa compositions. Centre fixe aussi, qui se déplace, s'il est véritable, en restant le même et en devenant toujours plus central, plus derobé, plus incertain et plus imperiéux. Celui qui écrit le livre l'ecrire par désir, par ignorance de ce centre. Le sentiment de l'avoir touché peut bien n'être que l'illusion de l'avoir atteint; quando il s'agit d'um livre d'éclaircissements, il y a une sorte de loyauté méthodique à dire vers quel point il semble que le loyauté méthodique à dire vers quel point il semble que le livre se dirigi; ici, vers les pages intitulées Le regard d'Orphée".

gada, a origem é um ponto impossível e o fim igualmente. A perfeição mencionada num dos versos da segunda estrofe pode levar-nos a pensar no poema como algo terminado, concluído, o que seria a morte do poema, contrariando as ideias desenvolvidas nesta escrita sobre a impossibilidade da morte no texto poético. Pensamos então na perfeição como o ser-criado, o ser-feito, o que não admite uma relação de comparação com uma realidade anterior. Neste caso, ser perfeito é ser ao mesmo tempo inquieto e intranquilo, imagem que pode ser confirmada pelas expressões "asas flamejantes", "valsa dos ventos", que sugerem dispersão, disseminação do signo poético.

Cada pétala é um sonho de retorno, diz-nos outro fragmento do poema, e nesse sentido também nos torna pertinente a ideia do eterno retorno nietzschiano nesse diálogo, que nunca é um retorno para algum lugar, mas um retorno em devir, e o sonho, ligado à noção de inconsciente, a não à racionalidade.

Amor e morte, relembrando a temática desta vereda, em que procuramos associar morte e poesia, temática e organicamente, desta forma principalmente. A poesia, fruto e veículo de paixão, mata os laços com uma cultura dominante, recusando ser vista e explicada pelo olhar metafísico:

> Amor e morte
> pela revelação.

Novamente recorremos às reflexões heideggerianas para pensarmos esses versos. Heidegger fala em diversos momentos sobre a obra de arte como uma desocultação (combinada com sucessivas ocultações), que é a origem da obra de arte. Nesse desocultar-ocultar, advém a verdade do poema, livre de formulações preexistentes. O poema carrega a estranha contradição de se reter na ocultação e se projetar na desocultação. Desocultar pode ser desencobrir, pode ser revelar, mas não, aqui, no sentido de conformidade com uma proposição já estabelecida e aceita. A verdade do poema, em sua construção amorosa, apaixonada, hospeda contradições, dualidades, ambiguidades, enganos e dispersões, isto é, nada que se relacione a certezas iluministas propostas por seus enunciados hegemônicos.

Finalmente, retomamos os últimos versos, que têm o poder de materializar a palavra poética e de nos conduzir novamente aos pensamentos de Mallarmé, de Blanchot, de Heidegger, que nos auxiliaram nesta vereda:

> Poesia
> que se fez carne.

Eis o *Geschaffeseins* de Heidegger, o *désoeuvrement* de Blanchot, a *fleur absente* de Mallarmé. Não importa quem fez, nem o que antecede, nem como fez: o que importa é o que está feito.

A presença da morte como temática na obra poética de Henriqueta Lisboa é a constatação mais óbvia, a que oferece maiores facilidades de verificação, principalmente em certos livros, como *A face lívida* e *Flor da morte*. Quando pensamos como Blanchot em relação a Mallarmé, entretanto, verificamos que a morte ultrapassa a condição constatável de temática ou assunto para se tornar algo orgânico no poema, que instaura sua própria verdade, em detrimento da verdade do mundo, de sua esperança de realização: "Quem escava o verso morre, encontra sua morte como abismo" (BLANCHOT, 1999, p. 38).

Procuramos, nesta vereda, dar mais atenção a essa morte orgânica do que à morte temática, ao comentarmos os poemas de Henriqueta Lisboa. A morte na organicidade do poema, que rege o silêncio da palavra, seu sacrifício no signo poético, no sentido batailliano, o salto, explorado nos textos como uma força criadora sem controle racional, permite o acesso ao ilimitado, ao que não pode ser enquadrado pelas convenções. A prevalência da enunciação sobre o enunciado.

A ideia de morte, ou de sua impossibilidade na literatura (impossibilidade da morte que permite concluir, que leva a um desfecho), conduziu-nos ainda a reflexões sobre sua relação com a noite (*l'autre nuit*, de Blanchot), e com a semelhança cadavérica.

Como disse Blanchot na advertência a *L'Espace littéraire*, todo livro possui um centro para o qual a escritura é atraída, embora não seja um centro imóvel e ao qual se pode chegar percorrendo um caminho; ao contrário, o escritor se ilude pensando ser possível determinar este centro. Entretanto, ele fala de uma certa "lealdade metódica", tratando-se de um "livro de esclarecimentos", que parece apontar para a direção daquele centro inatingível. Em *L'Espace littéraire*, ele diz que o ponto a que o livro parece se dirigir são as páginas intituladas *Le regard d'Orphée*. No caso do presente texto, ousamos sugerir que o ponto a que Blanchot se refere permeie, provavelmente, os poemas henriquetianos e sua estranha aproximação com a morte.

Referências

BATAILLE, Georges. *L'expérience interieur*. Paris: Gallimard, 2008.

BLANCHOT, Maurice. *Le livre à venir*. Paris: Gallimard, 1999.

BLANCHOT, Maurice. *A parte do fogo*. Rio de Janeiro: Rocco, 1997.

BLANCHOT, Maurice. *L'écriture du désastre*. Paris: Gallimard, 1991.

BLANCHOT, Maurice. *L'espace littéraire*. Paris: Gallimard, 1959.

HEIDEGGER, Martin. *A origem da obra de arte*. São Paulo: Ed. 70, 2010.

HEIDEGGER, Martin. *A caminho da linguagem*. Petrópolis: Vozes, 2003.

LISBOA, Henriqueta. *Obras completas I*. Poesia Geral (1928-1983). São Paulo: Livraria Duas Cidades, 1985.

MALLARMÉ, Stéphane. *Divagações*. Florianópolis: Ed. UFSC, 2010.

Palavras e entretempo

Marco Antonio Notaroberto da Silva

"Le Poète se fait voyant par un long, immense et raisonné dérèglement de tous les sens".

A. Rimbaud

Jeremias 18: *Deus molda a história*

Deus, ou Javé, pois estamos no Antigo Testamento em todo o seu vigor, se dirige a Jeremias, um de seus profetas, e ordena-o ir à casa do oleiro onde lhe comunicará a Palavra. Ao chegar ao local determinado, Jeremias encontra o oleiro moldando um objeto. Contudo, a medida que observa, o objeto se deforma. Não obstante, o oleiro aproveita do mesmo barro e produz outro objeto, este de maior substância. Então surge o oráculo de Javé à Jeremias: "Por acaso será que não posso fazer com vocês, da mesma forma como agiu esse oleiro? Como barro nas mãos do oleiro, assim estão vocês em minhas mãos".

A parábola do oleiro concede ao profeta a compreensão divina e a sua manifestação em verbo. Será o oráculo, em sua inquestionável sabedoria, que configurará, através do profeta, os acontecimentos e remodelará quem não fizer jus ao projeto. Como sabemos, a interpretação de tal projeto evocará a supremacia de criador sobre criatura, cristalizando-se, via de regra, em formas de perpetuação de determinado poder.

No entanto, as parábolas são reconhecidas pela importância de suas palavras e, quando nos desvencilhamos do viés dogmático, o texto revela-se interessante na imagem do criador como oleiro, aquele que modela incansavelmente o informe conferindo feições. Este é um ato de poesia.

Pois, perguntamo-nos, qual será o ofício do poeta que não seja o de modelar um sentido na palavra? Neste âmbito, o estilo simbolista está repleto de experiências relevantes.

O movimento simbolista na literatura surge, na cultura europeia, em meados do século XIX, no ambiente da 2ª Revolução Industrial, como uma reação às correntes racionalistas do século. Exprimindo um profundo desprezo à mentalidade hegemônica, os poetas rejeitarão as soluções fundamentalmente analíticas, pois intimamente associadas à burguesia industrial em ascensão.

Ao interessarmo-nos pela investigação dos ressurgimentos deste estilo de época ao longo da história da literatura brasileira, a poeta Henriqueta Lisboa apresenta-se recuperando tal verve finissecular em meados do século XX. Henriqueta foi poeta e crítica literária e, perceptivelmente, faz ressoar, em boa parte de seus textos críticos e poética, o ideal simbolista. Traço tão fortemente marcado que a categorizou como poeta neossimbolista.

De fato, o movimento simbolista surge com a proposta de evidenciar que o pensamento positivo, impulsionado pelo otimismo ligado às ciências – a maquinaria do progresso – não seria verdade absoluta. Atentando para a exploração das sensações e percepções naturalmente humanas e elencando o imaginário na problemática do real, os simbolistas sugeririam novos modos de pensar e imaginar, geralmente, formatando perspectivas do ideal nas artes.

No Brasil, o movimento foi inaugurado com a publicação de *Missal* e *Broquéis*, do poeta catarinense João da Cruz e Sousa, em 1893. Munido de poesia e prosa que assemelham-se a manifestos, o simbolismo irrompe com beligerância nas letras brasileiras. Intentando indicar novos caminhos, principalmente através da artesania da linguagem e, bem como o seu correlato europeu, insistir na demarcação de um espaço subjetivo na poesia, o movimento será caracterizado pela sublimação de ideias.

Logo, sendo considerada pelos críticos como a *Religião do Verbo*, a poesia simbolista brasileira foi vasta no exercício de modelar a sensação em palavras. Em contraposição à materialidade proposta pelos movimentos realista e parnasiano, o simbolismo, repleto de referências místicas e filosóficas, vai tratar de abordar o indizível. Com efeito, o poeta simbolista será o inabalável fiel e a percepção de si e de seu oficio renderá longa produção reflexiva.

Cruz e Sousa compartilha a autorreflexão do fazer poético em sua obra. A seu modo, o poeta se configuraria como um iniciado nas Artes, o verdadeiro decifrador dos enigmas:

> Não é, apenas, querer, não é poder, apenas – é Ser! – E se tu sabes ser, se tu és, numa legitimidade flagrante, num enraizamento muito intenso de todo o teu organismo, vivendo a Arte e não a Arte vivendo em ti; se assim tu és, na profundidade real desse esquisito e maravilhoso estado, meio inconsciência meio-névoa, que te impulsiona para a Concepção; se assim tu és, por gérmens inevitáveis, fatais, a tua Obra, ainda em gestação, atestará eloquentemente, mais tarde, as inauditas manifestações do temperamento (CRUZ E SOUSA, 1995, p. 522).

O tom arrebatado do texto não é mero acaso. O poeta de Cruz e Sousa é inato, um ser originalmente especial, e alheio ao estabelecido. Conscientemente indivíduo, ele não frequentará os comuns e não ouvirá de suas bocas. Não, seus ouvidos estarão sempre atentos à Palavra da Arte, ao Verbo, e será seu oficio, como poeta, decifrá-la e modelá-la.

Assim, podemos entender o poeta cruz-e-sousiano como uma ressignificação dos antigos profetas, pois objetiva manter-se distante do real ao metaforizá-lo constantemente. Todavia, a arte é assumida como uma manifestação de dentro para fora, visto que a alta estância pertencerá ao indivíduo, embora reja-o. O poeta é, ao mesmo tempo, criador e criatura, pois fala em si por ter acesso ao poder.

Tal qual Cruz e Sousa, Henriqueta Lisboa se debruçará na autorreflexão de seu ofício. Em conferência proferida em Brasília, em abril de 1978, a escritora mineira denomina a poesia como sua profissão de fé. Desse modo, seu ofício se apresenta como uma tarefa grave, contudo prazerosa:

> Nesse campo de forças contrárias, tenho buscado uma postura de equilíbrio para aproximar-me da poesia, uma vez que ela pode estar no fundo do poço ou no voo do pássaro. Não um feixe de nervos, mas o fluxo mesmo da vida há de palpitar-lhe nos tecidos, à feição do pulso que a rege (LISBOA, 2020a, p. 274).

Trata-se precisamente de postura. Ao compararmos o arrebatamento cruz-e-sousiano ao equilíbrio perseguido por Lisboa, nota-se que a sua percepção do ofício de poeta distancia-se da antecessora finissecular conformando-se ao seu tempo.

No entanto, os temas serão similares, pois Lisboa busca, essencialmente, a “coação do eterno dentro do efêmero”

(LISBOA, 2020a, p. 274). Algo que remete a um exercício constante de tentativa de acesso a um não-tempo e à intimidade com a palavra para a expressão. Além de pesquisar em seu trabalho os efeitos de cristalização do abstrato no poema e do desejo de contatar outras esferas do pensamento, a poeta prezará o estudo do ritmo e da harmonia, assuntos caros ao estilo simbolista.

Dessarte, a poeta Henriqueta Lisboa captará a obra através da intuição. Será pela sua "intuição eidética, ou seja, a intuição relativa à essência das coisas, não à sua existência ou função" que procederá (LISBOA, 2020a, p. 275). Obviamente, a poeta se interessa, como seus antecessores, em investigar a imaterialidade das coisas: "É que a poesia reside entre o obscuro e o revelado, a palavra e o silêncio. Fecundo silêncio expressivo como a palavra mesma, a limitá-la e prolongá-la em fluidez psicológica, aureolando-a, esfumando-lhe a densidade, protegendo-a da claridade crua..." (LISBOA, 2020a, p. 275), simbolizando.

Apesar das flagrantes similaridades, neste ponto observamos manifestar em sua metodologia o atravessamento temporal no estilo simbolista recuperado. Em sua análise crítica, o jogo entre claro-escuro é evidente. Os valores estéticos que se impõem à poeta estão baseados em "revelar o desconhecido, organizar o desconexo", etc. Em uma análise superficial poderíamos invocar, como principal, o tema místico e religioso característico da linha simbolista – a poeta-profeta – porém, no caso de Lisboa, mesmo considerando o dado biográfico de sua religiosidade, a característica regente é a influência direta que a psicanálise jungiana opera na percepção de seu trabalho. Aí reside a contribuição de sua releitura do simbolismo na modernidade tardia.

A poeta citará a obra de Jung em *Vivência poética* como portadora de "admirável lição". Lê-se em *Psicología y poesía*, livro referenciado por Lisboa: "Todo homem criador é uma dualidade... Por um lado é um processo humano-pessoal; por outro, um processo impessoal-criador" (JUNG *apud* LISBOA, 2020a, p. 279). Tal contato com a impessoalidade, ou seja, o estranho em si, é largamente abordado pelo psicanalista em seus estudos sobre a dualidade consciente inconsciente.

Segundo Jung,

> o inconsciente descreve um estado de coisas extremamente fluido: tudo o que eu sei, mas do qual não estou pensando no momento; tudo o que eu era uma vez consciente, mas agora esqueci; tudo percebido pelos meus sentidos, mas não notado pela minha mente consciente; tudo o que, involuntariamente e sem prestar atenção a isso, eu sinto, penso, lembro, quero e faço; todas as coisas futuras que estão tomando forma em mim e às vezes vão à consciência: tudo isso é o conteúdo do inconsciente. Esses contornos são todos mais ou menos capazes, por assim dizer, de consciência, ou foram conscientes e podem tornar-se conscientes novamente no momento seguinte. Até agora, o inconsciente é uma 'margem de consciência' (...) este fenômeno que nasce de sombras alternadas de luz e escuridão (JUNG, 1993, p. 55-56).[1]

---

1 Tradução nossa. No original: "So defined, the unconsious depicts an extremely fluid state of affairs: everything of which I know, but of wich I am not at the moment thinking; everything of which I was once conscious but have now forgotten; everything perceived by my senses, but not noted by my conscious mind; everything which, involuntarily and without paying attention to it, I feel, think, remember, want, and do; all the future things that are taking shape in me and will sometime come to consciousness: all this is the content of the unconscious. These contents are more or less capable, so to

Logo, a poeta Henriqueta Lisboa busca se equilibrar na franja. O exercício de iluminar seu subconsciente, o impessoal repleto de matéria a ser modelada, serve para evocar uma voz: a "súmula de experiências acumuladas e de magnéticas antecipações/refração do subconsciente" (LISBOA, 2020a, p. 278) configuram-se em imagens, visto que o tema só "adquire valor de símbolo quando foge ao planiforme, à padronização e à generalidade, através de processos artísticos legítimos, intuitivos e experientes" (LISBOA, 2020a, p. 281).

Assim, para Lisboa, "o que interessa, no caso, não é a verdade subjetiva, ou suposta verdade transmitida pela obra, e sim a verdade da obra" (LISBOA, 2020a, p. 280). Ou seja, na arte não importaria a sinceridade, e sim a veracidade do contato. Tal trabalho, em direção às profundezas ou às zonas celestiais, é menos religioso que cognitivo. Arrebatado que equilibrado.

Consequentemente, o seu maior desafio será a palavra. Lisboa pensa a palavra como "diamante bruto a ser lapidado". Diamante, pois a palavra é o mais nobre elemento do poema sendo em seu pavilhão onde se refratariam as iluminações do mistério e a conformação da intuição: "cada vocábulo em si é um cofre na experiência de abertura, corpo inanimado à espera de sopro vital, capaz de ressurgir tantas vezes quantas

---

speak, of consciousness, or were once conscious and may become conscious again the next moment. Thus far the unconscious is a "fringe of consciousness", as William James puts it. To this marginal phenomenon, which is born of alternating shades of light and darkness, there also belong the Freudian findings we have already noted. But, as I say, we must also include in the unconscious the psychoid functions that are not capable of consciousness and of whose existence we have only indirect knowledge".

for convocado para o milagre de romper as pedras do silêncio, vibrar, dizer" (LISBOA, 2020a, p. 276).

É nobre também, pois impulsiona o lançar-se ao outro: "a palavra mantém a dignidade da obra poética, é o que há de mais verticalmente humano no poema, à base da articulação verbal, do compromisso de entendimento, da vocação de expressão, do desejo de comunicação, da graça de ser inteligível" (LISBOA, 2020a, p. 276), uma vez que sem o formão da palavra a distância será infinita.

Assim, a modelagem do sentido na palavra é o principal legado simbolista. Por isso evidencia-se no movimento finissecular o exercício dos poetas em alarga-la. À esta palavra, reveladora de novos sentidos, é conferida a realocação em esfera distante da vulgaridade cotidiana e, portanto, uma nobreza, aos seus olhos, divina. No neossimbolismo o ideal do movimento anterior será reafirmado, porém através do crivo das ideias modernas.

Intuição por que mulher?

A complexidade do pensamento simbolista é evidente. A assimilação do valor do estilo por Henriqueta Lisboa aprofunda tal complexidade e engrossa as suas raízes. Entretanto, há, no Brasil, certa tendência crítica de deslegitimação do movimento.

Na década de 1940, Antonio Candido, em sua primeira compreensão e avaliação do simbolismo, opera a recusa crítica aos poetas. "Candido compreende e tem considerável conhecimento dos caminhos mais radicais e revolucionários da poesia simbolista e pós-simbolista, mas não aceita tais transformações radicais, tal autotelismo estético, tal conquista de autonomia e de especificidade por parte da lírica" (PIRES, 2010, p. 118).

Em relação à poesia simbolista brasileira, considera que é "formada por uma maioria de poetas menores – isto é, poetas de emoção não organizada e dirigida, que se contentam com a pincelada, o toque, a sugestão rápida, o momento de beleza", sugerindo que tal poesia menor se relacionaria ao nosso simples desejo de comunicação afetiva e deleite estético. Assim, a condena, pois "ela 'desviriliza' a verdadeira poesia, sendo então necessária a reabilitação do poema maior, que define a grandeza real de uma poesia" (CANDIDO, 2002, p. 131 *apud* PIRES, 2010, p.118).

Apesar das considerações a respeito dos critérios para a grandeza de um poema, os textos críticos tardios de Antonio Candido relacionados aos simbolistas (1990) seguem por outro viés. Na esteira dos estudos de Roman Jakobson, Candido passa a afirmar que os poetas simbolistas revolucionaram os padrões de sensibilidade exigidos para o leitor, bem como a forma de fazer poesia, em nível mais profundo de linguagem. "Ressalta a maneira como os poetas se relacionam com a natureza: se afastando e fechando-se em seu gabinete, preocupados com a criação de mundos artificiais, antinaturais, aos quais corresponde uma preocupação exacerbada com o esmero e a autonomia poética da linguagem". De acordo com Pires, o crítico conclui que

> estes artistas criaram 'mundos factícios', alheios à realidade imediata (social, natural, política), embora esta sempre lhes sirva de ponto de partida e apareça estética e criticamente transformada. Em outros termos, é nesses textos que Candido parece enfim reconhecer que, embora aparentemente [tal] poesia dê as costas ao mundo, sua forma de ser "participativa" está na consciência de linguagem e, portanto, na estrutura mesma

> das obras literárias, e não no alarde mimético de questões político-sociais (PIRES, 2010, p. 123-124).

Levando em conta as preocupações políticas de Antonio Candido, "a eficiência de tais poemas é devida ao fato de conservarem a referência ao mundo (que é sempre um imã para a nossa percepção), mas promovendo a invenção de outro mundo, que de certo modo o suplanta e satisfaz o nosso desejo de ir além" (CANDIDO, 1993b, p. 121 *apud* PIRES, 2010, p. 124). Assim, evidencia-se a constituição autônoma da linguagem poética na "tensão cheia de ambiguidade, (...) muito além do nível informativo" (CANDIDO, 1993a, p. 30 *apud* PIRES, 2010, p. 125).

> Além do caráter antimimético da arte assim constituída, Candido, na esteira de Jakobson, referenda a função poética da linguagem ao evidenciar a "(...) a auto-referência e a realidade interna do discurso (...) poético que se propõe (...) como finalidade de si mesmo, ao chamar a atenção sobre si por meio dos recursos de sonoridade e simbolização" (CANDIDO, 1993a, p. 30-33 *apud* PIRES, 2010, p. 125).

Logo, um discurso poético que "refaz o mundo a seu modo" (PIRES, 2010, p. 125). Contudo, é evidente a valorização da mimética do real em seu discurso:

> O poeta efetuou uma substituição do mundo real por meio da força criadora da palavra. Poderíamos dizer que o mundo real está presente com a sua força de gentes, frutas, folhagens, emoções, mas foi refeito no movimento da recordação, que o transfigura. (...) tendo por limite o ambiente fechado, estabelece com a na-

> tureza uma relação diferente [que a dos românticos], pretendendo não representá-la, mas recriá-la. Em vez de procurar fundir-se na paisagem por meio do olhar elevado, o poeta recluso procura inventar espaços artificiais, que exprimem o poder da arte como produto de sua vontade (CANDIDO, 2004a, p. 20 *apud* PIRES, 2010, p. 126).

Não obstante a concessão tardia de Candido, o rastro de deslegitimação da linha simbolista por um viés crítico sociológico permaneceu. O fato de o poeta simbolista ser uma espécie individualista de visionário o condicionaria a ser artífice de uma poesia menor – desvirilizada – ou limitada por não ser ancorada no real.

Tal poesia se tornaria, no século XX, estreitamente relacionada ao gênero feminino, gerando uma confusão, patrocinada pela misoginia, na compreensão dos diferentes usos da palavra, em geral na conceituação do pensamento essencial ao estilo. Preconceito que tocou Henriqueta Lisboa.

Como exposto, a palavra intuição é indispensável ao trabalho de Lisboa como condicionante de seu fazer poético. Todavia, para a recepção, se a intuição é a de uma poeta, tal intuição consequentemente será a feminina. Algo que não está incorreto por fatores genéricos, obviamente.

Entretanto, a intuição feminina é frequentemente deslegitimada pelo estabelecido, o que torna a intuição da poeta Henriqueta Lisboa equivalente à intuição feminina de Henriqueta Lisboa. Tal apreciação distancia-se do real sentido que intuição representa em seu pensamento sobre poesia.

Segundo a poeta, a intuição é o elemento da grande visibilidade no entendimento de seu ofício nutrido pelo simbolismo, visto que sabemos ser a maneira como a poeta representa o contato com o informe a ser modelado em palavra. É através de sua intuição que Lisboa versará sobre seus temas:

> essa faculdade de pressentir, prever, captar, não apenas a realidade imediata mas ainda a realidade que escapa ao mundo tangível, situa-se nas vizinhanças da profecia, embora não se possa denominá-la 'revelação divina', pelo menos com espírito de humildade (...) À percepção do mistério ou da sensação exterior que provoca a inspiração primeira, segue-se uma ressonância de ordem íntima. Todo o ser humano possui a experiência dessa espécie de impacto emotivo ao ensejo de surpresa ou descoberta, seja ou não agradável. Porém, o poeta possui o privilégio (ou infortúnio) de aprofundar, intensificar e prolongar essa mesma experiência como coisa viva, de cuja pressão não escapará a não ser que a transforme em objeto artístico (LISBOA, 2020b, p. 124).

Portanto, está claro que a intuição da poeta sugere uma habilidade de potência de contato. Podemos, então, ao refletirmos sobre a frequência e a utilidade do substantivo intuição em sua obra, salientar a relevância expressiva da poesia simbolista, recuperando a passagem de Antonio Candido sobre a sua influência na formação de um novo leitor: aquele de sensibilidade elástica, habilitado à compreensão do alargamento dos sentidos das palavras de forma despreconceituada.

Henriqueta Lisboa, leitora de Cruz e Sousa

De fato, Lisboa trata a intuição como norteadora de sua profissão de fé. Em *Convívio poético*, diz:

> Seja como for, libertada das formas elementares da paixão (que não são formas criadoras), do juízo afei-

> to a discernir o real do irreal (impróprio à beatitude poética), da cópia servil das coisas, da lógica prosaica, da eloquência oratória, do anedótico, do didático, purificada, em suma, organicamente, a poesia atinge seu mais elevado estágio, um mundo de perspectivas extraordinárias, onde impera a intuição (LISBOA, 1955, p. 81).

A poeta pretende uma purificação da poesia, objetivando, via de regra, uma reação ao prosaísmo. Contudo, é assertiva ao referir-se a seu método que busca afastar-se das paixões elementares visando atingir certo equilíbrio entre a realidade e a imaginação para significar-se em domínio eidético. Apesar do forte tom ascético do excerto, em que se evidencia a crença intuitiva, a poesia ligada ao estilo simbolista estará, em suma, relacionada ao entendimento da potência imaginativa do poeta e como o artífice utiliza-a com fins expressivos.

Neste ponto será interessante investigar a leitura de Henriqueta Lisboa da obra de Cruz e Sousa, vista à similaridade de suas decisões estéticas. Além do poeta oitocentista ser considerado o iniciador do simbolismo no Brasil, destacamos a crucial diferença entre o simbolismo de Cruz e Sousa e o neossimbolismo de Lisboa: o arrebatamento e o equilíbrio como método.

Em artigo sobre a poesia de Cruz e Sousa, publicado em *Convívio poético* (1955), Henriqueta Lisboa afirma: "Lógica não possui – elemento desnecessário e às vezes contrário à poesia; mas possui um roteiro por onde possa atingir a essência das coisas, por intermédio da intuição" (LISBOA, 1979, p. 228).[2]

---

2 Embora o artigo citado faça parte de *Convívio poético* (1955), preferimos utilizar a versão revisada publicada em *Fortuna crítica: Cruz e Sousa* (1979).

Assim, como Lisboa, o poeta Cruz e Sousa seguirá a intuição. Todavia, o caminho preferido será o das nevroses, as quais são referência em grande parte de sua obra em contraponto à lógica exigida pela autora.

Diferentemente do equilíbrio perseguido por Lisboa, o enigma a ser desvendado por Cruz e Sousa é o mesmo do alquimista: transformar o chumbo em ouro; em poesia: a dor em beleza. A autora pondera:

> A atmosfera em que vive, desde sempre, e na qual nos introduz pela sugestão, é o sortilégio, o arroubo, o caos. A dos últimos tempos, mais profunda e sombria, prolongando-se em círculos encantatórios à maneira de órgão pela nave, tem o fascínio e a majestade dos sagrados mistérios. O momento culminante de seu calvário (declarada a tuberculose) é o momento de sua plenitude lírica, de sua força profética, de seu orgulho criador. Do despojamento das vaidades do homem, é que surge o artista, amadurecido e completo (LISBOA, 1979, p. 224).

Eis o mote de seu texto crítico: a transfiguração. A autora traçará o percurso da obra de Cruz e Sousa partindo dessa temática de forte carga cristã ilustrando-o como uma verdadeira via-crúcis:

> De índole romântica, educado nos princípios do naturalismo, atraído, por isso mesmo, pela escola parnasiana, seduzido pouco a pouco pelo simbolismo, que angústias não suportou até o encontro de si próprio, quando se pôs a desbravar – e com que escândalo! – caminho novo na poesia brasileira (LISBOA, 1979, p. 225).

No entanto, apesar da porosidade de sua formação e do escândalo provocado em seus contemporâneos devido a sua decisão pelo estilo simbolista, a autora tece argumentação em defesa do não derrotismo do poeta, inclusive, "com predisposição para a felicidade" (LISBOA, 1979, p. 227), mesmo não tendo o reconhecimento, em vida, de sua obra.

Segundo Lisboa, tal poder de resistência vem do fato de se *ser* poeta, uma vez que "o poeta nasce com uma especial intuição" (LISBOA, 2020b, p. 124). Algo interessante, pois esta aura daria ao poeta o necessário para o enfrentamento do desafio.

Em sua obra, Cruz e Sousa expressa, como Henriqueta Lisboa, tal entendimento de determinação do poeta. Vejamos um exemplo:

> Tu és louco da imortal loucura,
> O louco da loucura mais suprema.
> A Terra é sempre a tua negra algema,
> Prende-te nela a extrema Desventura.
>
> Mas essa mesma algema de amargura,
> Mas essa mesma Desventura extrema
> Faz que tu'alma suplicando gema
> E rebente em estrelas de ternura.
>
> Tu és o Poeta, o grande Assinalado
> Que povoas o mundo despovoado
> De belezas eternas, pouco a pouco...
>
> Na Natureza prodigiosa e rica
> Toda a audácia dos nervos justifica
> Os teus espasmos imortais de louco!
> (CRUZ E SOUSA, 1995, p. 201)

O soneto, que traz o título de "O assinalado", é um dos muitos que versam sobre o assunto. A autora cita-o em seu artigo, mas para fazer referência ao egocentrismo, relacionando-o à humildade exigida a um ser determinado como o Poeta.

Mesmo corroborando tal consagração em sua reflexão sobre o ofício de poeta e sobre o fazer poético em seus textos teóricos, Henriqueta Lisboa reflete:

> Cruz e Sousa concebe o Poeta como um ser inteiramente à parte entre os homens. É ele o Assinalado, o Cavador do infinito, o Invulnerável, provavelmente o Ser dos seres. Assim constituído como centro do universo, o poeta considera-se, explícita ou implicitamente, o princípio de si próprio. Aí é que intervém, por milagre sobrenatural ou da magnitude do indivíduo, o elemento verdadeiramente lírico dessa poesia: tendência para uma finalidade sempre mais alta, exigência de absoluto nos conhecimentos, concepção alargada de panteísmo. O que redime Cruz e Sousa dos extremos da soberba e do egocentrismo, como dos perigos da arte pela arte, é a sua religiosidade constitucional, o seu temperamento místico, a sua psicologia de idealista. Se não chegou a perceber que só Deus pode ser o fim ultimo do homem, derivou esse fim para as proximidades de Deus: o bem, a beleza, a harmonia cósmica, o aperfeiçoamento integral. (...) Conheceu, provavelmente como homem, os pecados que nascem do orgulho: a crença de poder fazer o que supera a força humana, a vanglória, o apego às vaidades, o desejo imoderado de estima, a ambição (LISBOA, 1979, p. 231).

Tal excerto, portanto, contraditório ao pensarmos em sua crítica, baseado em percepção religiosa de pecado e humildade – catequética – retira de contexto a poesia de Cruz e

Sousa. Para o poeta, a arte estaria subjugada ao artista. Se o poeta serve à *Religião do Verbo*, então serve a si mesmo. Não há pecado. Não há soberba, egoísmo ou vaidade, há apenas o poeta e o ofício que o rege. Sua constituição, supostamente cristã,[3] não tomará o primeiro plano, pois o poeta cruz-e-sousiano se configura rebelado, nutrido pelo satanismo artístico próprio a seu tempo.

Henriqueta Lisboa trabalha, explicitamente, no entrelaçamento do sentimento de orgulho do poeta e sua produção, traçando a via-crúcis a partir da concretude da vida: "que ele fazia de si próprio elevado conceito, não há dúvida. Basta aplicar à sua pessoa o conceito que fazia de Poeta. Era a si mesmo que falava, em solilóquio, ao dirigir-se, usando subterfúgio da segunda pessoa, o Poeta" (LISBOA, 1979, p. 230). Algo que empobrece seu texto quando é doado o tom de crime e castigo.

Em suas palavras, a transfiguração de Cruz e Sousa poderia ser apreciada na obra e seria consolidada na tríade ilusão-desilusão-superação. Logo, a característica luciferina do poeta seria evidenciada somente a partir da perspectiva da punição. À medida que sua poesia não fosse compreendida, ao final de sua vida, ele estaria reabilitado de seu orgulho: "Em 'Fruto envelhecido[4]', chega a dizer: 'É preciso humil-

---

3 Acreditamos que Henriqueta trate religiosidade como religiosidade cristã.

4 Fruto envelhecido
Do coração no envelhecido fruto/ É só desolação e é só tortura./ O frio soluçante da amargura/ Envolve o coração num fundo luto. | O fantasma da Dor pérfido e astuto/ Caminha junto a toda a criatura./ A alma por mais feliz e por mais pura/ Tem de sofrer o esmagamento bruto. | É preciso humildade, é necessário/ Fazer do coração branco sacrário/ E a hóstia elevar do Sentimento eterno. | Em tudo derramar o amor profundo,/ Derramar o perdão no caos

dade...', sinal de que se conhece bem e sabe valorizar, como todo orgulhoso de boa estirpe, a mais doce e enternecedora virtude" (LISBOA, 1979, p. 232).

Acreditamos que, de fato, os dados biográficos de Cruz e Sousa sejam relevantes para compreendermos os percursos de sua poesia e que a transfiguração seja um efeito estético na cronologia da obra, todavia não pensamos ser interessante basear a transfiguração como resultado de punição. Cruz e Sousa adota uma postura como poeta ao não fazer concessões ao *establishment* literário e, se ocorreu a transfiguração na poesia, esta não foi para uma adequação.

Ademais, conceituações relevantes ao entendimento de Lisboa a respeito do ofício de poeta são largamente explorados no artigo. A temática do equilíbrio, de grande importância, é referida em sua leitura sobre a forma e o conteúdo.

A respeito da forma do poema, Henriqueta Lisboa escreve:

> Embora tenha reagido em tempo contra o gosto do parnasianismo, a que o haviam conduzido os princípios naturalistas nos quais se educara, Cruz e Sousa recebeu singular benefício dessas primeiras experiências. Conservou em toda a sua poética, juntamente com o senso do objetivo, o culto da beleza formal. Dentro da escola simbolista, frequentemente *acoimada* de obscura, manteve, através de bons fios condutores, contato com a realidade. (...) Dos primeiros estágios culturais trouxe aquela curiosidade intelectual que havia de iluminá-lo, aquela consciente precisão de propósitos, aquela segurança na escolha ou na captação de ima-

---

do mundo,/ Sorrir ao céu e bendizer o Inferno! (CRUZ E SOUSA, 1995, p. 223).

> gens, aquele dinamismo que se traduz, não apenas na força da descrição verbal, mas ainda sensível disposição para a luta, disposição essa confirmada pela vida do poeta (LISBOA, 1979, p. 227, grifo nosso).

Assim, considera que a forma e o conteúdo na poesia cruz-e-sousiana sejam uma maneira de se atingir o equilíbrio, visto que para um conteúdo vasto e caótico seria necessária uma forma fixa, o soneto. Atentemos para a sua ótica sobre o assunto:

> Contribui, talvez para isso, o seu apego às coisas terrenas, inspirado pela sensualidade de que era marcado e se revela, tanto no conteúdo da obra, como na fascinação exercida sobre o poeta, dos elementos plásticos e musicais. A herança do sangue, mal saído do estado selvagem, fonte de sua vibratilidade, não lhe vedou, contudo, de modo algum, a escalada às esferas do espírito. Admira que um homem de cor e condição modesta, sem nenhum ambiente preparatório, seja exatamente o poeta da vida interior, de intensidade raras vezes igualada em país tropical. Não foi, evidentemente, um são João da Cruz, natureza angélica, fruto de requintada civilização cristã. O seu soneto 'Carnal e Místico'[5] sintetiza bem a sua maneira de ser, vacilante

5 Carnal e místico
Pelas regiões tenuíssimas da bruma/ Vagam as Virgens e as Estrelas raras.../ Como que o leve aroma das searas/ Todo o horizonte em derredor perfuma. | Numa evaporação de branca espuma/ Vão diluindo as perspectivas claras.../ Com brilhos crus e fúlgidos de tiaras/ As estrelas apagam-se uma a uma. |
E então, na treva, em místicas dormências,/ Desfila, com sidéreas lactescências,/ Das Virgens o sonâmbulo cortejo... | Ó Formas vagas, nebulosidades!/ Essências das eternas virgindades!/ Ó inten-

> entre dois impulsos. Ora partindo da matéria para o espírito, ora regressando tristemente da arrancada inicial para atender à solicitação dos sentidos, mostra-se, nesse desejo de harmonia que o leva a considerar todas as coisas sob duplo aspecto, profundamente humano. Principalmente por não encontrar satisfação na terra (LISBOA, 1979, p. 228).

Curiosamente, a autora faz referência à perspectiva cientificista de determinismo, tendo em vista a raça e o meio.[6] De fato, o entendimento da condição humana expressado pelo poeta não condiz com a beatitude poética exigida pelo método de Lisboa, mesmo ambos sendo, segundo ela, visionários da intuição, o que determinaria o indivíduo como poeta.

Logo, observamos que, embora estilisticamente semelhantes, a produção literária de Cruz e Sousa e de Henriqueta Lisboa evocam percepções e métodos diferentes especialmente no entendimento da concepção do fazer poético e em como modular os graus de iluminação do símbolo. A autora opera em seu texto crítico, bem como em sua reflexão teórica, algo como um exorcismo do estilo, o apagamento do Mal imprescindível ao contexto do simbolismo oitocentista. Há um interesse em desacoimá-lo.

A imagem da via-crúcis, bem colocada para ilustrar a obra de Cruz e Sousa, acaba, então, por ser compreendida

---

sas quimeras do Desejo... (CRUZ E SOUSA, 1995, p. 223).

6 O artigo *Cruz e Sousa*, de Henriqueta Lisboa, faz referência a dois livros de poesias: *Faróis*, estilisticamente exemplar do simbolismo, e *Últimos sonetos*, compilação de poemas publicados postumamente, em que o tema da morte é constantemente evocado. A transfiguração é articulada por Lisboa entre o sarcasmo de *Faróis* e a tragicidade de *Últimos sonetos*, visando sublinhar a tríade ilusão-desilusão-superação em contexto de punição cristã.

pela perspectiva da instituição, evitando a perspectiva da paixão. Resta-nos questionar os porquês, considerando o momento histórico e os interesses em como performar o Poeta.

Considerações finais

É sabido que Henriqueta Lisboa escolhe como patrono o poeta simbolista Alphonsus de Guimaraens (1870-1921). Por isso, foi relevante, para fins comparativos, abordar o poeta Cruz e Sousa, seu contemporâneo. Desse modo, pudemos evidenciar alguns pontos interessantes da metodologia de Lisboa através da diferença.

A religiosidade cristã configura-se como uma das principais matrizes de expressão da poeta, entretanto é notória a influência da psicanálise jungiana para a organização da emoção. De fato, o simbolismo como corrente estética e filosófica é arejado pelos estudos relacionados à consciência desde seu surgimento. A Henri Bergson é atribuída grande influência na composição do movimento europeu, principalmente com seu *Ensaios sobre os dados imediatos da consciência* (1889), em que elenca estudos sobre a psicologia e a metafísica. Lisboa atualiza a corrente simbolista brasileira trazendo a sua compreensão psicanalítica do fazer poético ao insistir, em sua reflexão teórica, na importância de explorar a dualidade consciente inconsciente.

Assim, a poeta interpreta de maneira relevante os temas essenciais do movimento finissecular, partindo de seus estudos sobre o indivíduo e a psicanálise, reverberando em sua teoria um enlace modernista. Característica que a torna uma poeta instigante, visto que em sua obra é possível vislumbrar, ainda, temas estreitamente relacionados ao conservadorismo.

Por fim, observamos que o neossimbolismo de Henriqueta Lisboa evoca a sua percepção do ofício de poeta como o de modelador de sentidos na palavra. Prezando pela interseção de temáticas como mistificação e religião, forma e conteúdo e cognição e sociedade, a poeta introduz reflexões interessantes sobre o percurso histórico de um estilo que, muitas das vezes, foi negligenciado pela crítica.

Referências

CANDIDO, Antonio. O albatroz e o chinês. Rio de Janeiro: Ouro sobre azul, 2004a. p. 13-31. *In*: PIRES, Antônio D. Antonio Candido, leitor de poesia *fin-de-siècle. Itinerários*. Araraquara, n. 30, p. 115-137, jan.-jun. 2010.

CANDIDO, Antonio. Textos de intervenção. Seleção, apresentação e notas de Vinicius Dantas. São Paulo: Duas Cidades, 2002. *In*: PIRES, Antônio D. Antonio Candido, leitor de poesia *fin-de-siècle. Itinerários*. Araraquara, n. 30, p. 115-137, jan.-jun. 2010.

CANDIDO, Antonio. Recortes. São Paulo: Companhia das Letras, 1993a. p. 30-34. *In*: PIRES, Antônio D. Antonio Candido, leitor de poesia *fin-de-siècle. Itinerários*. Araraquara, n. 30, p. 115-137, jan.-jun. 2010.

CANDIDO, Antonio. Recortes. São Paulo: Companhia das Letras, 1993b. p.118-122. *In*: PIRES, Antônio D. Antonio Candido, leitor de poesia *fin-de-siècle. Itinerários*. Araraquara, n. 30, p. 115-137, jan.-jun. 2010.

CRUZ E SOUSA, João da. *Cruz e Sousa*: obra completa / organização, Andrade Murici; atualização Alexei Bueno. Rio de Janeiro: Nova Aguilar, 1995.

JUNG, C. G. On the Nature of the Psyche. *In*: JUNG, C. G. *The basics writings of C. G. Jung*. Edited with an Introduction by Violet Staub de Laszlo. New York: Modern Library, Reprint edition, 1993.

LISBOA, Henriqueta. *Convívio poético*. Belo Horizonte: Imprensa Oficial de Minas Gerais, 1955.

LISBOA, Henriqueta. Vivência poética. *In*: LISBOA, Henriqueta. *Prosa*: obra completa, v. 3. Organizado por Reinaldo Marques e Wander Melo Miranda. São Paulo: Peirópolis, 2020a.

LISBOA, Henriqueta. Vigília poética. *In*: LISBOA, Henriqueta. *Prosa*: obra completa, v. 3. Organizado por Reinaldo Marques e Wander Melo Miranda. São Paulo: Peirópolis, 2020b.

LISBOA, Henriqueta. Cruz e Sousa. *In*: CRUZ E SOUSA. Coletânea organizada por Afrânio Coutinho. Coleção Fortuna crítica, v. 4. Rio de Janeiro: Civilização Brasileira; Brasília: INL, 1979.

PIRES, Antônio D. Antonio Candido, leitor de poesia *fin-de-siècle*. *Itinerários*. Araraquara, n. 30, p. 115-137, jan.-jun. 2010.

Vestígios de uma produção poética e intelectual no Acervo de Escritores Mineiros

Maria do Rosário Alves Pereira

É sabido que pesquisas literárias que se dedicam a perscrutar arquivos de escritores têm ganhado relevância há algum tempo no campo dos Estudos Literários. Se uma leitura estreitamente ligada à biografia do autor foi de há muito ultrapassada, observou-se também que a exclusão total de informações sobre a vida privada e intelectual de um escritor tampouco contribuiria para uma leitura mais coesa de sua obra. Assim, ainda que não exista uma dependência entre a leitura do texto literário e o conhecimento do que estaria por trás daquele texto, ou acerca da vida do indivíduo que o produziu (seus gostos, suas vivências, seus pertencimentos etc.), fato é que conhecer os bastidores da produção intelectual, bem como os agentes nela envolvidos, direta ou indiretamente, pode contribuir sobremaneira para uma leitura mais ampla, um olhar mais dinâmico sobre essa mesma produção.

O objetivo deste trabalho é apresentar, de modo panorâmico, o acervo da escritora mineira Henriqueta Lisboa, trazendo informações sobre a correspondência pessoal e burocrática da escritora, apontando alguns de seus interlocutores, de modo a perceber as redes intelectuais por ela constituídas ao longo do tempo. Além disso, vamos nos deter em parte do que a crítica da época destacou em seu trabalho, sobretudo nas cartas[1] por ela recebidas de intelectuais e amigos. Originais de livros e rascunhos de conferências e textos críticos também permitem perceber, pelo que se esboça às margens do texto, as idas e vindas na produção textual, o que possibilita uma compreensão mais ampliada da produção da escritora como um todo. Para iniciarmos, nada mais propício do que contextualizar o trabalho desenvolvido no âmbito do Acervo de Escritores Mineiros.

O Projeto Integrado de Pesquisa Acervo de Escritores Mineiros é uma iniciativa do Centro de Estudos Literários (CEL) da UFMG, fundamental para resgatar e preservar parte da memória literária mineira. Esse projeto acaba por divulgar a literatura do estado e, paralelamente, incentiva pesquisadores à investigação de verdadeiros patrimônios ainda pouco estudados ou mesmo conhecidos em âmbito nacional. Desse modo, com a chegada de novos acervos nos últimos anos, o crescimento do projeto e seu diálogo com pesquisadores de outras instituições, a Universidade Federal de Minas Gerais tornou-se em definitivo uma referência para estudiosos da área, tanto em âmbito nacional como estrangeiro.

O Acervo de Escritores Mineiros, localizado na Biblioteca Central da UFMG, reúne, atualmente, documentos de escritores e intelectuais que muito contribuíram para a cultura nacional, a saber: Abgar Renault; Achilles Vivacqua;

---

1 As cartas inéditas aqui comentadas foram coligidas diretamente no Acervo de Escritores Mineiros da UFMG, por esta pesquisadora, e algumas anotações acerca dessas mesmas cartas e de outros paratextos, como autógrafos em livros da biblioteca de Henriqueta, foram gentilmente cedidos por Constância Lima Duarte, a quem registramos nossos agradecimentos.

Adão Ventura; Alexandre Eulálio; Ana Hatherly; Carolina Maria de Jesus; Cyro dos Anjos; a família Ávila (Laís Corrêa de Araújo, Affonso Ávila e Zilah Corrêa); Lúcia Machado de Almeida; Murilo Rubião, dentre outros.[2] Trata-se de fecundo manancial para aqueles interessados em conhecer os meandros da produção literária. Desde o início desse projeto, muitos estudos, dissertações, teses e livros surgiram, além de exposições abertas ao grande público a partir dos arquivos, bem como visitas guiadas de estudantes da UFMG e de outras instituições.

No que se refere à escritora Henriqueta Lisboa, seu acervo foi doado pela família em 1989, e é constituído por uma Coleção Bibliográfica e uma Coleção Documental, com cerca de 4.630 livros, 3.100 periódicos e 8.000 documentos. A sala a ela reservada tenta reconstituir o ambiente em que trabalhava: lá está sua mesa de trabalho, a máquina de escrever com a qual datilografava seus textos, seus quadros, como gravuras de Portinari recebidas como presente de Mário de Andrade, um armário cheio de papéis, uma caixa de madeira com fotografias e bilhetinhos, entre outros objetos pessoais, como medalhas e prêmios angariados ao longo de sua vida. Também lá encontram-se manuscritos de seus livros e suas diversas edições, bem como sua biblioteca, com vasto número de exemplares, muitos deles com dedicatórias, além de valiosas primeiras edições. Ao abrir muitas dessas obras, o pesquisador depara-se com autógrafos, dedicatórias, trechos sublinhados, comentários à margem, anotações enfim que remetem a toda uma vida dedicada à educação e à cultura. Todo esse material nos

2 A relação completa do inventário de cada escritor pode ser conferida em: https://sites.letras.ufmg.br/aem/acervos/.

permite entrever amigos e parceiros intelectuais que, de algum modo, deram conformidade à trajetória de Henriqueta. Destacam-se, ainda, esboços de críticas ou estudos, e objetos de outra natureza, de cunho afetivo, como por exemplo um conjunto de folhas secas de árvores enviadas da Itália por Padre Lauro Palú, amigo pessoal da escritora.

No mobiliário chama a atenção, sem dúvida, um dos itens de maior valor simbólico, já citado: a pequena caixa de madeira na mesa de trabalho da escritora, que lembra uma espécie de porta-joias. Nela, Henriqueta guardava as missivas de ninguém mais ninguém menos do que Mário de Andrade, de quem recebeu 42 cartas no período de 24 de fevereiro de 1940 a 20 de janeiro de 1945 – há, ainda, 63 documentos no Instituto de Estudos Brasileiros da USP, entre telegramas, cartões-postais, bilhetes e cartas. Como é sabido, ambos travaram uma instigante correspondência, em que, por vezes, ele se propunha a assumir o papel de crítico ou mesmo de tutor do trabalho literário da escritora, ainda que ela desse mostras de sua independência literária e nem sempre acatasse os conselhos literários que ele lhe oferecia.[3] Segundo Marilda Ionta, no diálogo entre eles existia "simetria e ausência de egocentrismo" (2005, p. 160), na medida em que, para Henriqueta, a correspondência assumiria contornos mais estéticos e literários, ao passo que, para ele, o conhecimento de si, o abrir-se para um coração disposto a ouvi-lo, num período tumultuado de sua vida, daria a tônica a essa amizade.

Para iniciarmos nosso mergulho sobre o arquivo da escritora, vale a pena refletir sobre a importância e o modo

---

3 Para mais informações sobre essa troca epistolar, ver Pereira (2021).

como tais acervos repercutem no campo dos Estudos Literários. Reinaldo Marques, em *Arquivos literários: teorias, histórias, desafios* (2015), reúne ensaios que problematizam o sentido do arquivo literário. Como conceituá-lo, afinal? Quais seus limites e implicações? Seria o arquivo mais imaginado do que propriamente concreto, "localizável no mundo empírico" (p. 11)? A partir dessas indagações, o autor apresenta alguns pontos fundamentais para que se pense nas contribuições que os arquivos podem dar aos estudos literários, principalmente no que se refere ao campo da Literatura Comparada, pois, objeto multifacetado por natureza, possibilita o diálogo transdisciplinar, por exemplo, com as áreas da museologia, arquivologia e biblioteconomia. Assim, quando passamos pela experiência de visitar o arquivo de um escritor, não nos atentamos tão somente aos registros escritos, os mais diversos, ali encontrados; fascinamo-nos, também, pelos objetos postos em cena, o modo como estão dispostos, fotografias, quadros, outros objetos pessoais, enfim, sentimo-nos atraídos pelo modo como o arquivo se apresenta e suas múltiplas possibilidades de leitura. O pesquisador comparatista é capaz de aproximar objetos imprevistos, de ir além daquilo que se mostra e de buscar, inclusive, nas brechas do que ali está, pequenas pistas ou sugestões as quais, quem sabe, podem mesmo ajudar a esclarecer algum ponto que desperte curiosidade ou para o qual não se tenha uma explicação tão assertiva na obra literária. Não que exista uma obrigatoriedade neste movimento, uma suposta completude entre vida e obra, porém o pesquisador arguto fará, no mínimo, especulações, capazes não de fechar uma leitura sobre determinado aspecto, mas sim de abrir novas possibilidades.

Sob o ponto de vista teórico, ainda com Marques, o arquivo literário propriamente dito, que pode ser lido sob a incursão da Filosofia, da Política e dos Estudos Culturais, é

> espaço aberto e inacabado, zona de contato e relações entre distintas temporalidades e subjetividades, capaz de percorrer descontinuidades e estranhamentos em relação ao tempo presente, a ativar anacronismos potencialmente problematizadores da racionalidade arcôntica, estatal e científica, da evidência histórica, que normalmente rege o arquivo (p. 22).

Ler um arquivo é, então, reconhecer suas potencialidades e também seus limites, é perceber o que ele mostra e o que se camufla. É, ainda, perceber o que é encenado, o que é construído, o que é planejado para atender à ânsia da posteridade. Nesse sentido, as cartas trocadas entre escritores constituem-se como elementos privilegiados para que o pesquisador possa conceber o que transparece a partir dos discursos e o que se pode inferir a partir da ordenação do conjunto de discursos, isto é, dos diversos pontos de vista que se arquitetam ao redor de um mesmo objeto. É o caso de cartas escritas por diferentes escritores ou intelectuais que trazem elogios ou críticas a determinada obra os quais, em seu conjunto, dão a compreender certas balizas predominantes àquela época e àquela cultura, dando mostras do imaginário presente. Isso permite até mesmo situar um escritor entre seus pares e compreender a dinâmica das relações entre eles existentes.

José-Luis Diaz, em *Qual genética para as correspondências* (2007), chama a atenção para o fato de que a carta testemunha a gênese de uma obra, como um laboratório, como arquivo da criação. Do projeto de elaboração de uma obra literária até a publicação é possível acompanhar seu percurso, muitas vezes, montando um quebra-cabeça, reunindo os fragmentos que compõem a cena epistolar. Posteriormente, é ainda nas cartas que a recepção crítica de uma obra se dá a ver, como se a missiva se constituísse uma espécie de "crônica", "diário da obra", pois às vezes uma carta ilumina algum dado desconhecido da publicação.

Neste trabalho, vamos nos deter sobre alguns aspectos que chamam a atenção na correspondência passiva de Henriqueta Lisboa, a começar pelo fato de que ela também era uma referência para escritores e intelectuais. Isso é demonstrado, por exemplo, em carta de João Alphonsus de Guimaraens, em que ele elogia *Prisioneira da noite* e lhe envia livros – seus e de seu pai, o poeta Alphonsus de Guimaraens – pedindo a ela, ainda, sua opinião acerca de um livro que intencionava publicar. Em outras cartas e mesmo em outros paratextos, como se verá mais à frente, é possível encontrar essa mesma postura crítica da escritora, sempre aberta ao diálogo e à troca intelectual. Tal postura nos faz lembrar que, entre muitos intelectuais e escritores, era comum a existência de uma amizade que ultrapassasse os meandros comuns do cotidiano, amizade essa calcada numa espécie de solidariedade intelectual responsável por manter as redes de produção e recepção crítica entre os pares. Sob essa perspectiva, vale a pena nos remeter a Jacques Derrida na obra *Políticas da amizade* (1994), em que, ao partir de Aristóteles, o filósofo francês faz todo um raciocínio até constatar que a dimensão da amizade como mera fraternidade muitas vezes é ultrapassada por uma dimensão política, ainda que isso possa parecer, em um primeiro momento, um contrassenso. Ao elencar os vocábulos "respeito" e "responsabilidade" como facetas da verdadeira amizade, Derrida demonstra o quanto os sujeitos influenciam e interagem um sobre o outro, tornando-se coparticipantes na vida intelectual dos companheiros. Na prática missivista, isso é notório, uma vez que é comum os escritores darem e receberem sugestões, materiais para leitura e apreciação crítica, opiniões as mais diversas sobre a vida intelectual do momento, dentre outras informações. Assim, a vida intelectual é fomentada por essas iniciativas, em uma época em que as cartas eram preciosos registros históricos e culturais, ultrapassando a dimensão intimista entrevista em toda troca epistolar.

Na correspondência recebida por Henriqueta Lisboa, nota-se que também muitos de seus interlocutores preocupavam-se em comentar sua obra, por um gesto de gentileza e de afeição, certamente, mas sobretudo por um gesto de partilha intelectual, no qual as redes de sociabilidade fortaleciam-se para ambos os lados. Escritores e intelectuais diversos deixaram apreciações elogiosas em cartões e cartas a ela enviadas. É o que se lê, por exemplo, em carta de Carlos Drummond de Andrade, datada de 12 de fevereiro de 1938, na qual ele afirma que a poesia de Henriqueta é daquelas que são apreendidas de modo velado, devido à essência grandemente delicada de sua poética. Na sequência, destaca que sua poesia não é ruidosa, e sim de vozes ensurdecidas, o que agradaria o lado "crepuscular" de seu ser. É curiosa a imagem, uma vez que parte da obra poética da mineira foi lida pela crítica sob a perspectiva do revelar e do camuflar, em que a penumbra, o não dito, ganhariam força. Para o poeta itabirano, a poesia de Henriqueta indicaria um "estado de consciência profunda" ao permitir "notícias da alma dos homens e da essência do mundo" (*apud* MACHADO, 2015, p. 2-3).

Certamente tal sensibilidade expressiva teria provocado em Drummond, ainda, o sentimento de luto quando da morte da escritora, conforme expresso em carta a José Carlos Lisboa: ainda que Henriqueta e Drummond tivessem se comunicado somente por escrito, o poeta afirmava adorá-la, e reiterava que sua poesia ornara a vida dele, como símbolo de beleza inefável que era (*apud* MACHADO, 2015, p. 3). Vale lembrar que a extensão da *amicitia* entre Drummond e Henriqueta alcançava trocas de favores até mesmo na vida cotidiana de ambos, ainda que não se conhecessem pessoalmente. Exemplo disso é o fato de que desde 1935, quando vem a Belo Horizonte para residir com a família, ela tentava ser nomeada Inspetora Federal de Ensino Secundário, o que só consegue por interferência do poeta de Itabira, então Chefe de Gabinete do Ministro da Educação e Saúde Pública, Gustavo Capanema, no Rio de Janeiro. Em carta de 28 de janeiro de 1938 a escritora expõe toda a dificuldade de transferência de São Lourenço para Belo Horizonte e o quanto o tempo poupado nas viagens entre uma cidade e outra auxiliariam projetos futuros de estudos e antologias.

Henriqueta era uma figura requisitada nos meios intelectuais, prova disso são os constantes pedidos de colaboração para revistas, o que se nota em cartas de João Alphonsus Guimarães, que a convida para participação no Suplemento de *A Manhã*, e Helena Antipoff – no período de 1937 a 1973, agradece livros recebidos e pede colaboração para uma revista. Como poeta, ensaísta e tradutora, sua presença em jornais e revistas foi longeva, sua atuação não foi momentânea. O material contido no Acervo comprova a importância da escritora durante décadas no panorama intelectual mineiro, e também nacional.

Passemos agora às críticas recebidas pela escritora em meio epistolar. Em 1941, ao publicar *Prisioneira da noite*, livro de poemas de significativa repercussão na mídia, recebe carta de Ascenso Ferreira, na qual o escritor comenta o profundo encantamento que lhe tomou diante do material, a ponto de dizer que teria sido o melhor presente recebido nos últimos tempos de montanhas mineiras. De acordo com ele, os versos profundamente humanos retratavam com sinceridade "muito da tragédia quotidiana de seu sexo". Ou seria o estado de alma de uma poeta apaixonada tão somente?, indaga ele em determinado ponto da carta. O que o grande *Prisioneira da noite* traduziria, afinal? Um estado de espírito particular ou seria a síntese do estado sentimental das mulheres? Essas são as questões que a carta parece levantar, no fundo. Seja como for, Ascenso dá seu veredicto, isto é, faz sua própria leitura: para ele, no clamor daqueles versos estariam representadas "as vozes amarguradas de todas as mulheres".

É curiosa tal crítica, uma vez que nada de efetivamente literário é nela apontada. Ainda que se perceba a intenção de elogiar, de valorizar o trabalho da poeta, o adjetivo "delicada" reiteradamente atribuído a seu texto poético demonstra muito mais um molde, um estereótipo atribuído à produção de autoria feminina. É como se a poesia produzida por mulheres necessariamente devesse demonstrar certa fragilidade e certo estado de espírito lânguido – o que coloca à margem qualquer produção poética que fuja a esse estereótipo. Observe-se que o foco recai sobre a "tragédia quotidiana do sexo", isto é, é feita uma leitura estreita da poesia de Henriqueta, calcada na ideia de uma poeta enclausurada em sua paixão, a refletir uma voz feminina coletiva também amargurada. Não há comentários sobre recursos estilísticos usados, sobre a expressividade transmitida pelos poemas... Destaque-se esse ponto porque, ao longo da história da literatura de autoria feminina, este foi claramente um mecanismo usado pela crítica masculina e hegemônica para confinar a produção das mulheres ao gueto, ainda que isso seja feito por meio de uma máscara de elogio.

Também Mário de Andrade se deteve em analisar, ainda antes da publicação do livro, cada poema que compõe *Prisioneira da noite*. Emblemática neste sentido é a longa carta por ele escrita entre 16 e 17 de abril de 1940. O escritor paulista, que em diversos momentos fazia uma crítica impressionista[4] tal como a mencionada acima de Ascenso Ferreira e de muitos outros intelectuais, paralelamente buscava direcionar um olhar mais estético, por assim dizer, sobre o material que recebia, sugerindo uma edição propriamente dita no texto, ao apontar cortes e sugerir inserções, por exemplo. Para exemplificar, vejamos o comentário de Mário ao poema "Misteriosa presença":

> a) detestei aquele paralelismo fácil e esperado dos três versos que principiam "em tudo quanto..." e falam no passado, no presente e no porvir. Pura demagogia de orador de comício. Pelo amor de Deus, tire isso, modifique, se arrume! – b) no último verso preferiria "inexplicável" e "iniludível". Fica mais dentro do sentido do contexto, que é perfeitamente lógico. (...) (MÁRIO *apud* SOUZA, 2010, p. 86).

---

4 O termo "crítica impressionista" refere-se ao modo como boa parte da crítica, entre os anos de 1920 e 1940, sobretudo, posicionava-se diante do material literário: trata-se de crítica mais livre, sem grandes preocupações metodológicas, diferente da crítica universitária que viria a se estabelecer posteriormente nas décadas seguintes. Para mais informações, ver Pereira (2021, p. 87-89).

Apesar do tom inflamado em alguns momentos da carta, tom este que irá aparecer na leitura de vários poemas, a propósito, observa-se um certo cuidado de Mário com a linguagem, a sugerir trocas vocabulares as quais, segundo ele, encaixariam melhor no todo do poema. Algumas sugestões são acatadas, outras não. Aliás, esse é um traço da personalidade de Henriqueta: sempre atenta e à procura das orientações do escritor e amigo mais experimentado, mas, ao mesmo tempo, sempre zelosa em manter sua autonomia literária.

Em outros momentos, no entanto, ao comentar "A cidade mais triste", por exemplo, o autor de *Pauliceia desvairada* escorrega novamente em uma crítica de caráter impressionista, traçando comentários em alguma medida próximos à leitura expressa acima de Ascenso Ferreira. Primeiro, Mário afirma ser o poema bom e ruim ao mesmo tempo, e elogia a força lírica da imagem por ela criada, a saber, a de uma cidade em que morreram todas as crianças. Na sequência, no entanto, aponta "defeitos" que, segundo ele, colocariam por terra toda a expressividade do poema:

> Mas surge o seu ladozinho carinhoso de mulher e além de coisas mais ou menos passíveis de ficar, outras me parecem inaceitáveis. Toda a última estrofe é inaceitável, aula-de-catecismo flor de laranja. Se você conservar isso, brigo com você até a quarta geração. (...) Não se esqueça que, em poesia, as morais, as ideias sentimentais, as conceituações e os juízos devem ficar pro leitor tirar... se quiser (SOUZA, 2010, p. 87).

O "ladozinho carinhoso de mulher" interfere no rigor crítico de Mário, tal como a ideia de que a poesia de Henriqueta era muito delicada, como sugerido na carta de Ascenso. Para o primeiro, isso atrapalharia, para o segundo, seria uma virtude; seja como for, nota-se que não é exatamente uma característica de ordem técnica que está sendo colocada em pauta, mas sim uma avaliação literária a partir de questões de gênero. Isso mostra, mais uma vez, o quanto a crítica da época baseava seu julgamento de valor da obra literária produzida por mulheres nem sempre – ou quase nunca, talvez – por critérios que misturavam em alguma medida o fazer poético, isto é, a autoria propriamente dita, e o papel (de gênero) ocupado por aquela figura na instância social.

Gaston Ferreira, intelectual uruguaio, ainda em 1941, consegue perceber a poesia da autora para além da questão de gênero, ao afirmar que considerava haver em seu novo trabalho, *Prisioneira da noite*, um progresso estético notável. Ele compara a presente obra com obras anteriores de Henriqueta, o que demonstra um leitor atento ao percurso literário da escritora. Trata-se de leitura mais técnica e menos afeita a qualidades supostamente pertencentes ao sexo feminino as quais, em tese, seriam reproduzidas no texto literário. Note-se que tal empreitada vai ao encontro do que postulava Álvaro Gonçalves, para quem *Prisioneira da noite* havia chegado como um presente agradável, e para quem seus versos demonstravam o voo de uma poesia que se libertava e que caminhava para o imensurável. Também de 1941, tal crítica esboça a mesma percepção acima elencada, a saber, a de que a poesia de Henriqueta estaria amadurecendo.

Para concluir este ponto, recorremos às considerações certeiras de Constância Lima Duarte, ao afirmar que a maioria dos críticos até reconhecia nas escritoras capacidade intelectual semelhante à dos escritores, porém ficava evidente a relutância deles em conferir de fato um valor estético às obras produzidas por mulheres, sempre ofuscadas pelo excesso de adjetivos de cunho sentimental, ligados ao campo da delicadeza, do inefável, do sensível etc. Além disso, havia uma confusão recorrente entre obra e escritora – o julgamento da primeira era feito baseado em premissas da segunda, haja vista por exemplo o modo como a crítica leu a poesia com contornos eróticos de Gilka Machado. Quanto a Henriqueta Lisboa, Duarte assevera:

> (...) ao lado de elogios à sua habilidade com o verso livre, à não subordinação às correntes da poesia moderna, e ao profundo conhecimento dos recursos da arte poética, por exemplo, encontramos críticas a poemas que teriam sido construídos mais com a "habilidade verbal" do que com a "imaginação criadora", isto é, em que predominaria a presença da artífice, em detrimento da poetisa. (No caso da mulher, tal postura costumava ser apontada como negativa). Também são numerosas as considerações que estão claramente relacionadas à figura da mulher, como "poesia tímida", "discreto testemunho do mundo", "lirismo frágil", "recolhido", "suave", "leve", "etéreo", "feminino"... Como as demais escritoras brasileiras que começavam a publicar entre os anos 20 e 30, Henriqueta Lisboa esteve à mercê dos preconceitos da crítica; e também ela teve que aprender a conviver com essa crítica (DUARTE, 2002, p. 1-2).

Aproximar essas missivas que se encontram em séries distintas no inventário de Henriqueta significa perseguir as recomendações feitas por Diaz (2007), quando nos assevera que o leitor de cartas deve se fazer uma série de questões sobre o material que tem em mãos. Destaque-se a importância de ler a missiva de modo a relacioná-la com dados históricos, culturais, e com outras cartas que incidam sobre o mesmo ponto. Como vimos demonstrando neste artigo, no arquivo da correspondência passiva de Henriqueta esse movimento permite perceber as linhas críticas que incidiam sobre sua poesia. Diaz salienta outros pontos para os quais o leitor de cartas deve permanecer atento, como observar o local, a data, até mesmo o papel, o tamanho, o porquê da carta, qual a ligação entre ela e a última recebida, inclusive marcas postais, rabiscos; verificar, se possível, se a carta veio acompanhada de algo, uma flor, por exemplo – tais vestígios permitem entrever o nível de proximidade entre os interlocutores. Isso implica que o papel do pesquisador de crítica genética abarca mais de um sistema semiológico, pois ele deve, ainda, observar o conjunto de sinais não linguísticos que a carta emite – intencionais ou involuntários.

No arquivo de Henriqueta Lisboa, juntando pistas aqui e acolá, debruçando-nos sobre fragmentos, anotações, cartões e missivas, fica patente o quão criterioso era seu trabalho, a começar pela própria organização de seus livros, os objetivos e os aspectos que deveriam sobressair a partir deles. Destaque-se que Henriqueta tinha uma proposta de leitura para sua obra, como destaca a pesquisadora Kelen Benfenatti Paiva:

> Ao buscar elementos no arquivo para recontar essa pós-história da produção intelectual de Henriqueta, encontramos anotações, em folhas amareladas pelo tempo, de uma divisão pensada pela autora sobre sua obra poética em quatro grupos: os "livros espontâneos": *Enternecimento*, *Velário*, *Prisioneira da noite*; os "livros objetivos": *O menino poeta*, *Madrinha lua*, *Montanha viva – Caraça* e *Belo Horizonte – bem*

> *querer*; os "livros dramáticos": *A face lívida* e *Flor da morte*; os "livros essenciais": *Azul profundo* e *Além da imagem*; os "ontológicos": *O alvo humano*, *Miradouro*, *Celebração dos elementos* e *Pousada do ser* (PAIVA, 2012, p. 189).

Como destaca a mesma pesquisadora, em conferência intitulada "Poesia: minha profissão de fé", publicada em *Vivência poética*, em 1979, encontra-se uma divisão diferente na categorização de tais obras. Seja como for, essas tentativas de organizar a obra parecem deixar pistas para pesquisadores futuros, como indicações a serem trilhadas, como um percurso de leitura possível para que se perceba uma obra coesa e ao mesmo tempo multifacetada, com meandros distintos e, por isso mesmo, passível de distintas leituras e correlações. Conforme assevera Paiva, há uma "lógica arquivística" no gesto de Henriqueta, capaz de propor ao leitor um "fio condutor de leitura orientada" (2012, p. 189). Isso demonstra que a escritora se debruçava sobre sua obra, refletia sobre seus versos e ocupava-se, ainda, do próprio leitor; tudo isso aponta para o zelo com sua obra, para o fato de que nada era fortuito ou ocasional.

Mesmo assim, apesar de uma preocupação arquivística que demonstrava a consciência da escritora de que sua obra seria lida e relida pela posteridade, é possível perceber, nas cartas, ecos de críticas nem sempre afáveis ou que demonstrassem acolhida por sua produção poética. É o caso, por exemplo, da crítica fantasmagórica de Álvaro Lins, a gerar uma sombra sobre a qualidade literária de Henriqueta. Na troca epistolar com Mário de Andrade isso aparece: em determinado momento, ele sugere que ela envie *O menino poeta* ao crítico. No entanto, ela não o faz – já havia sofrido com comentários como "Para que não se tenha uma esperança excessiva quanto a esta poeta, devo acrescentar que *Prisioneira da noite* não é um livro de estreia" (*apud* SOUZA, 2010, p. 271). Em carta a Mário datada de 15 de novembro de 1943, sugere que Lins não era dotado de "discernimento poético", ao que Mário completa: o crítico carecia de sensibilidade poética. Também Fidelino Figueiredo destaca esse ponto: para ele, a crítica de Lins, publicada no *Correio da Manhã*, seria "apressada", "crítica imediata do jornal", isto é, sem reflexão, sem observação acurada dos ditames propriamente críticos.

Por outro lado, prevalece o número daqueles que destacam o crescimento da poesia de Henriqueta. Em 1943, ao publicar *O menino poeta*, recebe carta de Carlos Drummond, que salienta seu amadurecimento poético, ao apontar a consonância perfeita entre sua poesia e seu material de expressão, isto é, a linguagem dava conta de exprimir, com palavras justas, a fluidez dos conceitos expressos em forma de poema, conferindo ao texto uma pureza definitiva.

Se Álvaro Lins é a presença fanstasmagórica negativa, Mário de Andrade é a presença amiga, a reforçar as redes de sociabilidade e as trocas de leitura entre os pares, como se lê em carta recebida por Henriqueta por Edgar Cavalheiro. Este dizia-se ainda deslumbrado com os versos de *A face lívida* quando chegara em suas mãos *Prisioneira da noite* e *O menino poeta*. A partir de tais leituras, afirma que a poesia da mineira estava em ascensão, e que se lembrara do "saudoso Mário de Andrade", uma vez que ele lhe havia revelado Henriqueta, ele, "tão pouco amigo de sugerir e impor admirações", e que insistia junto aos amigos dos círculos literários que frequentava para que lessem a obra da poeta mineira. Como se sabe, a correspondência e a amizade são interrompidas em 1945, com o falecimento do escritor paulista. Daí por diante, essa presença incentivadora não mais se faria presente, ainda que outras vozes amigas pudessem ser ouvidas.

Passeando pelo arquivo da escritora, chama a atenção, ainda, a marginália do texto, isto é, anotações ou comentários que apontem para as redes de sociabilidade construídas por Henriqueta. Nos livros autografados, por mais que boa parte das dedicatórias seja breve – há livros de Adalgisa Nery, Affonso Ávila, Alaíde Lisboa, Cassiano Ricardo, Cecília Meireles, Emílio Moura, Fábio Lucas, Vinicius de Moraes, Yeda Pratis Bernis, dentre outros –, há paratextos em que é possível acompanhar vestígios da produção crítica da escritora e do modo como ela se relacionava com os pares. Dentre os inúmeros livros, *Sonetos antigos*, escrito em 1923 por Abgar Renault, também dá mostras da sensibilidade da poeta mineira para os talentos que surgiam. Na dedicatória, Renault agradece a crítica admirável por ela escrita, de forma genial, segundo ele. No Acervo de Henriqueta, há oito exemplares autografados das obras de Renault, mas neste certamente a dedicatória se destaca. Ainda que o livro tenha sido escrito quando ele era adolescente, e o autógrafo seja de 1969, chama a atenção a amizade literária construída e mantida ao longo do tempo, e ainda o reconhecimento de Renault para a generosidade da crítica de Henriqueta. Também Alphonsus de Guimarães Filho destaca, em dedicatória, o estímulo dado a ele, a quem a poesia se afigurava como única forma de vida possível.

Em 1949, Henriqueta publica *Flor da morte*, obra que dentro em pouco tem ampla repercussão nos meios literários e, um ano depois, ela recebe o Prêmio Othon Bezerra de

Mello da Academia Mineira de Letras. No acervo, há carta de Otto Maria Carpeaux, datada de 22 de janeiro de 1950, na qual este afirma sempre ter sido admirador de sua poesia, ainda que considere *Flor da morte* "uma surpresa extraordinária", pois, com esta obra, ela teria se alçado à condição de "grande", qualificativo, segundo o crítico, que não lhe saía "tão facilmente da pena". Já Drummond, em carta de 1º de março do mesmo ano, afirma que desejaria tê-lo escrito, e que o livro o tornava ainda mais amigo da escritora.

De Manuel Bandeira, há no Acervo três cartas, quatro cartões e uma fotografia, material que abrange as datas de 29 de março de 1950 a 29 de janeiro de 1963. Uma das cartas é emblemática no que se refere à sistemática exclusão das escritoras do cânone nacional: Bandeira tenta justificar a não inclusão de Henriqueta em sua *Apresentação da poesia brasileira*, compilação de grandes nomes e obras do momento. Vejamos excerto da carta:

> Eu que a ponho entre a meia dúzia de maiores poetas do Brasil – esqueci-me de você! É imperdoável e estou inconsolável (...) Agora fico eu aflito por uma nova ed. para reparar essa incrível lacuna (pensar que citei de má vontade tanto nome celebrado, mas cuja poesia não me diz nada!) De joelhos lhe peço perdão (BANDEIRA *apud* PAIVA, 2012, p. 116).

Em outro momento dessa troca epistolar, Bandeira agradece por ter sido incluído na *Antologia poética para a infância e juventude*, organizada pela escritora mineira. É, no mínimo, curioso o esquecimento de Bandeira, e mais curioso ainda devido ao fato de que os escritores trocavam livros, cartas, conheciam-se, enfim, e, ao menos nas cartas, ele afirma uma admiração pelo trabalho dela. Em carta de 29 de março de 1950, por exemplo, elogia a "forma precisa e única" de *Flor da morte*. Em público, no entanto, a admiração supostamente recíproca não parece ter sido a mesma, uma vez que, se ela o incluíra em sua antologia, ele não fizera o mesmo.

Ao que se sabe, Henriqueta tinha uma personalidade mais reclusa, permanecia trabalhando em Minas Gerais, não circulava tanto em outras rodas literárias... No próprio Acervo, há críticas jornalísticas, como as de Paulo Dantas e José Batista, no *Correio Braziliense*, em 1970, em que ambos atribuem o não reconhecimento de Henriqueta em circuito nacional a esse ostracismo em que ela se manteria: "Henriqueta não se movimenta, não sai, pouca gente conhece de verdade sua poesia, é mesmo um poeta a exibir exegese completa por parte dos donos do assunto".[5] No entanto, seu grande talento literário era destacado em artigos publicados em todo o país, pelos mais diversos críticos e literatos – ainda que, aqui e ali, houvesse vozes dissonantes, como a de Álvaro Lins, já mencionado. Por isso, a lacuna no citado livro de Bandeira dá mostras do quão sistemático pode ser o esquecimento das escritoras.

Desse modo, percebe-se um duplo movimento nas trocas epistolares: ao mesmo tempo que a poeta mineira é uma referência para alguns escritores, que lhe pediam conselhos, também recebia incentivos de outros, e as redes de amizades iam se constituindo – amizade como signo pertencente ao campo político, conforme Derrida, já mencionado. Em carta de Murilo Mendes a Henriqueta Lisboa de 13 de dezembro de 1960, ele agradece artigo por ela escrito sobre sua obra:

---

5 BATISTA, José. *Correio Braziliense*, Brasília, 12 ago. 1970.

> (...) venho de novo agradecer-lhe e reafirmar a excelente impressão que me deixou a releitura. Página de finura crítica e de sensibilidade poética, de inteligência e de imaginação, que aumenta nossa fraternidade: a amizade se alimenta de conhecimento. Quando é uma Henriqueta Lisboa que nos compreende, sentimos que não escrevemos em vão. (MENDES *apud* PAIVA, 2012, p. 123)

Outro exemplo encontra-se em carta de Cecília Meireles a Henriqueta Lisboa de 16 de janeiro de 1945, na qual a escritora salienta a importância da amizade entre intelectuais do sexo feminino, em um mundo em que a amizade estaria adquirindo contornos de mero interesse:

> O mundo vai ficando tão horroroso que a amizade vai perdendo o sentido: há aproximações por interesses grosseiros. Pensar que ainda podemos viver a doçura de uma bem-querença puramente espiritual me enche de divina alegria (*apud* PAIVA, 2012, p. 137).

Cecília Meireles, Henriqueta Lisboa e Lúcia Machado de Almeida chegam a esboçar o projeto de uma "confraria das sereias", com claro viés político, no sentido da integração entre as intelectuais femininas (carta de Cecília a Lúcia de 8 de setembro de 1945, Arquivo Lúcia Machado de Almeida/AEM/UFMG). A própria listagem de correspondentes de Henriqueta já atestaria esse intuito de reforçar laços com as mulheres intelectuais, numa troca epistolar profícua com nomes como Cecília Meireles, Oneyda Alvarenga, Laís Corrêa de Araújo, Adalgisa Nery, Nelly Novaes Coelho, Stella Leonardos, Gabriela Mistral, dentre outras. Além disso, em sua biblioteca havia muitos livros de autoria feminina, contabilizados em mais de 200 nomes. Nas cartas trocadas entre

Henriqueta, Cecília e Lúcia, é possível perceber a cumplicidade entre elas e também os dilemas e desafios existentes na vida de mulheres que tinham uma ocupação intelectual, mas que também cumpriam papéis domésticos. Em carta de 13 de abril de 1947, por exemplo, Cecília reclama do fato de estar às voltas com a produção de peças teatrais as quais lhe demandavam tempo e concentração, algo incompatível com as demandas do lar (cf. PAIVA, 2012, p. 138-139).

Como se percebe, são inúmeros os caminhos a serem percorridos no Acervo da escritora Henriqueta Lisboa. Há muito trabalho a ser feito, muitas páginas e cartas a serem lidas e relidas, documentos a serem investigados. Que novas pesquisas possam lançar luz à produção dessa grande poeta e intelectual que contribuiu grandemente para as letras não só mineiras, como também, nacionais.

Referências

BATISTA, José. *Correio Braziliense*, Brasília, 12 ago. 1970.

DERRIDA, Jacques. *Políticas da amizade seguido de O ouvido de Heidegger*. Porto: Campo das Letras, 2003.

DIAZ, José-Luis. Qual genética para as correspondências? *Manuscrítica – Revista de Crítica Genética*, São Paulo, n. 15, p. 119-162, 2007.

DUARTE, Constância Lima. Henriqueta Lisboa – uma biografia intelectual. Anais da Anpoll, 2002. Disponível em: https://www.leffa.pro.br/tela4/Textos/Textos/Anais/ANPOLL_2002/arquivos/pdf/001_mulher_literatura/constancia_duarte.pdf. Acesso em: 18 jan. 2024.

IONTA, Marilda. A escultura de si nas cartas de Anita Malfatti, Oneyda Alvarenga e Henriqueta Lisboa. *História Oral*, v. 8, n. 2, p. 145-168, jul.-dez. 2005.

MACHADO, Adriana Rodrigues. Henriqueta Lisboa: um mergulho nas fontes primárias. Anais do Seminário Internacional de História da Literatura, 2015. Disponível em: https://ebooks.pucrs.br/edipucrs/anais/sihl/assets/2015/10.pdf. Acesso em: 20 set. 2023.

MARQUES, Reinaldo. *Arquivos literários: teorias, histórias, desafios*. Belo Horizonte: Editora UFMG, 2015.

PAIVA, Kelen Benfenatti. *Nos bastidores do arquivo literário*: Henriqueta Lisboa entre versos e cartas. Tese (Doutorado em Literatura Brasileira) – Universidade Federal de Minas Gerais, Belo Horizonte, 2012.

PEREIRA, Maria do Rosário Alves. *Mário de Andrade e os mineiros*: a carta como exercício crítico. Belo Horizonte: Editora UFMG, 2021.

SOUZA, Eneida Maria de (org.). *Correspondência Mário de Andrade e Henriqueta Lisboa*. São Paulo: Peirópolis/Edusp, 2010.

"À mulher só é acessível o tom menor": cartas a Mário de Andrade

Marilda Ionta

Em carta de 16 de agosto de 1944 encaminhada a Mário de Andrade, Henriqueta Lisboa comentou e rebateu as críticas dos poetas da geração de 1940, que a acusavam de fazer uma poesia intimista, desvinculada dos problemas sociopolíticos de seu tempo. Nessa missiva, Henriqueta diz ao amigo: "Penso mesmo que à mulher só é acessível o tom menor (como diz Antônio Candido)" e complementou, "Mas é possível que exista uma terceira modalidade poética, em que o tom menor aprisiona motivos que interessam mais diretamente à coletividade" (LISBOA *apud* IONTA, 2007, p. 206).

Quase oito décadas após o endereçamento dessa carta, impressiona a sagacidade da resposta da escritora mineira sobre a literatura, em especial, a feminina e pode-se perguntar contemporaneamente: é possível ampliar o sentido do "tom menor" apontado pela poeta? Pode o "tom menor" conter razões ligadas à coletividade? Ele pode ser positivado como sugere Henriqueta? E, ainda, a menoridade literária é extensiva ao gênero textual epistolar?

No interior de uma cultura falocêntrica o tom menor foi associado pejorativamente às mulheres e à escrita epistolar. Por longos anos, muitos historiadores consideraram as cartas privadas e íntimas como documentos impróprios à pesquisa histórica, pois eram documentos demasiadamente subjetivos. Por sua vez, os críticos literários leram as correspondências como uma literatura menor, secundária em relação à obra. Muitos questionaram se as cartas faziam parte ou não da obra, se elas eram ou não fontes de temas e de problemas abordados pelos escritores em seus trabalhos.

Essas questões não estão no horizonte deste texto. Penso que as cartas fazem parte integralmente da "máquina de expressão" e vejo as cartas da escritora mineira como uma produção literária tão transgressiva/política quanto a denominada "grande literatura", isto é, aquela que visa transpor os limites da linguagem, pois no caso específico da literatura de si produzida pela poeta em suas missivas, trata-se de transpor as fronteiras de si mesmo, de recriar-se subjetivamente no espaço da troca epistolar e de sua amizade com Mário Andrade. Assim, leio as cartas de Henriqueta Lisboa como uma "literatura menor", no sentido apontado por Gilles Deleuze e Felix Guattari (2003) e como "escrita de si", utilizando a noção de Michel Foucault (1992), uma vez que, o enredo de sua correspondência com Mário de Andrade dá visibilidade à produção de uma subjetividade feminina autônoma e à construção de uma estética da existência singular.

***

É admirável a afirmação de Henriqueta Lisboa sobre o "tom menor" e a possibilidade de existir outras modalidades poéticas em que o menor pode aproximar-se de coletividades e adquirir tonalidades positivas. Os *insights* da poeta podem ser interpretados à luz do conceito estético de "literatura menor", criados por Gilles Deleuze e Felix Guattari, a propósito da literatura de Kafka. E o que eles dizem sobre essa "literatura menor"? Para os filósofos:

> As três categorias da literatura menor são a desterritorialização da língua, a ligação do individual com o imediato político, o agenciamento coletivo de enunciação. O mesmo será dizer que "menor" já não qualifica certas literaturas, mas as condições revolucionárias de qualquer literatura no seio daquela a que se chama grande (ou estabelecida) (DELEUZE; GUATTARI, 2003, p. 41-42).

Para os autores, a literatura menor está ligada à desterritorialização da língua, a uma língua que uma minoria constrói no interior de uma língua maior, como o alemão de Praga, o francês marroquino e o inglês indiano. Não se trata de uma literatura de um grupo geográfico, social e culturalmente delimitado, mas da criação de uma língua forjada em condições minoritárias. A segunda característica da literatura menor é seu caráter individual e político, nela tudo é político: "o seu espaço, exíguo, faz com que todas as questões individuais estejam ligadas imediatamente à política. A questão individual, ampliada ao microscópio, torna-se muito mais necessária, indispensável, porque uma outra história se agita em seu interior" (DELEUZE; GUATTARI, 2003, p. 39).

Por fim, o terceiro e último aspecto da literatura menor é sua dimensão coletiva: "tudo toma um valor coletivo", existem apenas agenciamentos coletivos de enunciação. Deleuze e Guatarri encontram em Kafka o caso mais paradigmático dessa produção literária. Kafka é um tcheco-judeu que não escreve nem em tcheco (língua da pátria), nem iídiche (língua da comunidade judaica). O escritor serve-se de uma língua alemã que não é a oficial, ou seja, aquela ensinada nas escolas e que engendra as ideologias da nação (CARONE, 2009). Kafka utiliza uma língua misturada composta de tcheco com iídiche, recria a língua de tal forma que os alemães, enquanto cidadãos pertencentes a uma pátria, não se reconhecem em sua escritura.

Assim, a linguagem de Kafka estilhaça no interior da própria língua a identidade e ideologia da nação. Daí o caráter eminentemente político da literatura kafkiana, pois não se trata de representar algo ou alguém, não é a representação da realidade constituída ou das demandas dos excluídos como é o caso do bandido, do vagabundo, do louco, entre outros, tratados pejorativamente pela língua oficial. Trata-se de uma literatura que não tem um público *a priori*, um grupo de leitor já formado que se reconhece na escrita. O objetivo da literatura menor é criar uma nova expressão, a expressão de uma comunidade por vir; ela é uma "máquina de expressão", como afirma Deleuze, e seu compromisso não é representar o mundo, mas intervir nele, produzir novas sensibilidades e intensidades. Por isso, na literatura menor conjura-se a metáfora em prol da metamorfose. Na metamorfose, escrevem os autores,

> já não há sentido próprio nem figurado, mas uma distribuição de estados no leque da palavra. A coisa ou as outras coisas são apenas intensidades percorridas pelos sons ou pelas palavras desterritorializadas conforme linhas de fuga. Não se trata de uma semelhança entre o comportamento de um animal e o do homem; e muito menos de um jogo de palavras. Já não há homem nem animal, visto que cada um desterritorializa o outro, numa conjunção de fluxos, num *continuum* reversível de intensidades (DELEUZE; GUATTARI, 2003, p. 47-48).

É para produzir esse efeito de intensidades que Kafka, como outros autores da literatura moderna, buscaram transpor os limites da linguagem, ou seja, para capturar os espectros, algo que não se pode falar, mas que criam efeitos de realidade enquanto vivência. Como aponta Schollhammer (2001, p. 64), "esse mundo além dos conceitos, para além da representatividade, é o lugar da "vitalidade anônima e de intensidade sem sujeitos". É o "fora da Literatura" para utilizar uma expressão de Maurice Blanchot; são experiências-limite, experiências (des) individualizantes que possibilitam desprender-se de si mesmo, arrancar-se de si de tal forma que se possa sair dessas experiências transformado. Para alguns autores, como Deleuze, Guattari, Blanchot, Barthes, Derrida e Foucault, a morte do autor apaga as características individuais para que agenciamentos coletivos apareçam; "a marca do escritor não é mais que a singularidade de sua ausência" (FOUCAULT, 1992, p. 36).[1]

Assim, a literatura menor visa transpor, transgredir os limites da linguagem e tem como objetivo forjar novas sensibilidades. Nesse sentido, o menor é o revolucionário, porque abre possibilidade de modos possíveis de vir a ser, de criar devires minoritários e contra hegemônicos. Portanto, "se o menor é que é grande e revolucionário", como afirmam Deleuze e Guattari (2003, p. 54), então deve-se repudiar qualquer literatura de mestres e de senhores. Os filósofos franceses positivam o tom menor e o conecta a devires minoritários.

Nessa direção, pode-se ligar o tom menor ao "devir mu-

---

1 Para Foucault, a escrita moderna está ligada ao sacrifício da própria vida, há uma relação da escrita com a morte na literatura moderna. Diz ele: "A obra que tinha o dever de conferir a imortalidade passou a ter o direito de matar, de ser assassina do seu autor. Veja-se o caso de Flaubert, Proust, Kafka. Mas há ainda outra coisa: esta relação da escrita com a morte manifesta-se também no apagamento dos caracteres individuais do sujeito que escreve, ele retira a todos os signos a sua individualidade particular; a marca do escritor não é mais do que singularidade da sua ausência" (FOUCAULT, 1992, p. 36).

lher", entre muitos outros. As mulheres por sua singular posição histórica desafiam os discursos governados pelo falocentrismo, criam novas possibilidades de expressão com sua escrita rente ao corpo e sua sexualidade.[2]

Suponho que o dispositivo revolucionário apontado pelos autores como menor, que mina, corrói, desterritorializa o modo de ser e estar dos indivíduos em sociedade pode ser encontrado também na literatura epistolar. Ademais, talvez seja tão transgressivo quanto aquele que visa transpor os limites da linguagem, pois nesse caso específico, trata-se de reinventar a si mesmo na e pela escrita cotidiana, como apontam as cartas de Henriqueta Lisboa endereçadas a Mário de Andrade. As missivas da escritora guardam uma escrita de incompletude, um *work in progress,* uma tentativa permanente de desprendimento de si, de desterritorialização e autorreconstrução incessante. Seu caráter móvel, fluido e rizomático a aproxima de uma literatura menor e pode ser lida também como uma "escrita de si".

Em seu conhecido texto, *A escrita de si*, Michel Foucault (1992, p. 151) aponta o duplo papel desempenhado pela correspondência, ou seja: na subjetivação do discurso verdadeiro, em sua assimilação, e na objetivação da alma entendida como uma abertura de si, onde a relação sujeito/verdade ganha um espaço privilegiado. A fórmula extraída da Antiguidade Clássica é a seguinte: a escrita é uma ascese com função etopoética; funciona como operador de verdade em *ethos*, ou

---

2 Como escreve lapidarmente Hélène Cixous sobre a escrita feminina "É escrevendo, a partir da e em direção à mulher" que as mulheres desafiam "o discurso governado pelo falo" e conquistam um "lugar diferente daquele reservado a ela no e pelo símbolo, ou seja, o lugar do silêncio" (2022, p. 53).

seja, na elaboração constante de um modo de ser e de se conduzir na vida com retidão.

Como se pode ler na carta de 22 de janeiro de 1943, em que Mário de Andrade pede desculpas a Henriqueta Lisboa, por ser tão confessional e lhe diz: "Às vezes eu me aproveito dos meus amigos pra pôr certas coisas bem a limpo, porque escrevendo eu pareço penetrar mais fundo em mim. A escrita visual me obriga a uma lógica mais inflexível. Pelo menos mais nítida. Você deve estar muito machucada com esta carta mas pra mim foi bom" (ANDRADE, 1991, p. 119). Nessa ocasião, Henriqueta elogia o exercício ascético do amigo e elogia sua "coragem de ser", de olhar com lucidez sua existência. Nas teias da amizade e da escrita epistolar o encontro poético amoroso dos amigos se realiza mediante a troca de palavras e permite a ambos efetuar arqueologias de si mesmos, ou seja, "hermenêuticas de si".[3]

A correspondência entre Mário e Henriqueta é tingida pela reflexão, introspecção, interioridade e intimidade e tensiona as fronteiras exibição/contenção, presença/ausência, proximidade/distância, fala/escrita, realidade/ficção, den-

3 A singularidade da amizade entre Mário e Henriqueta parece emergir da concorrência entre uma amizade espiritual cristã, regida pelo amor *Charitas,* que nega o amor sensível *cupidita* e uma amizade mundana, onde *Eros* se transforma em *philia*. O desejo não é a posse do corpo e da alma do outro como vê no amor romântico. A cobiça dos amigos é pela poesia e pela literatura, deseja-se algo que os transcende enquanto indivíduos. Cria-se uma relação erótica amistosa que "passa por duas portas: a do "Céu, da comunhão das almas e da "Poesia". A sexualidade convidada elegantemente a se retirar dessa relação de amizade entra majestosamente – pelo texto. *Eros* conjurado retorna reincidentemente pela correspondência/obra de Henriqueta (IONTA, 2007).

tro/fora. Os paradoxos das cartas privadas e íntimas, das "cartas de pijama", como escreveu Mário de Andrade, são correlatas dos modos de produção de subjetividade do indivíduo na modernidade; apontam a ilusão e a fragilidade de encontrar um "eu" dotado de unidade e coerência.

Lidas como uma literatura menor, no sentido aqui proposto, talvez permitam capturar de forma leve e reduzida instantes fugidios, processos de metamorfose pessoal, momentos em que é possível visualizar vetores que conjugam simultaneamente movimentos de desprendimento de si e autoelaboração constante. Essa escritura permite ao indivíduo construir novas poéticas de si, como fez a escritora mineira em sua correspondência com o escritor modernista paulista. Mediante a prática epistolar, os amigos elaboraram a si mesmos e escreveram "um poema a quatro mãos". Essa correspondência é um "exercício de poética modernista, pela transformação da vida em arte e do gênero epistolar em literatura" como escreveu Eneida Maria de Souza (2010, p. 29).

***

Henriqueta Lisboa, mulher bonita, de fala nobre e elegante, solteira, sensível aos 35 anos de idade, entre fevereiro de 1940 e janeiro de 1945, recebeu de Mário de Andrade "o mais belo conjunto de cartas por ele endereçada a uma mulher, até hoje conhecido" (LOPEZ, 1991). Mas a recíproca é verdadeira, Henriqueta enviou a Mário cartas encantadoras e compartilhou com o amigo os anos finais de sua vida "esbrodolada", como ele escreveu. Momento no qual Mário já havia acumulado diversas perdas e desilusões, em que o passado não era mais seu companheiro. "Eu desconfio do meu passado", diz ele em sua bela conferência de 1942, "O Movimento Modernista" (ANDRADE, 1972, p. 254).

No diálogo epistolar entre a poeta mineira e o escritor paulista as cartas florescem em suas múltiplas formas e usos, como espaço de confissão, crítica literária, experimentação artística e, sobretudo, como lugar privilegiado de "cuidado de si e do outro" (FOUCAULT, 2004). Mário lê os poemas de Henriqueta com alegria e ela ouve o amigo com recato, encantamento e com a certeza de ter um leitor privilegiado de poesia. Ela aceita os contornos idealizados que Mário constrói a seu respeito, ajusta-se à imagem da mulher-santificada, dessexualizada, "ser de passarinho", "rincão de paz, ilha de sombra", expressões utilizadas por Mário para caracterizar a amiga. Idealizada e sacralizada, Henriqueta é também uma mulher interdita. Mas no palco epistolar ela encena diversos movimentos e cria outras imagens de si mesma.

***

As cartas fazem parte de um gênero literário muito específico e possuem uma característica curiosa: elas guardam a dualidade de sujeito – da enunciação e do enunciado – isto é, aquele que escreve e aquele do qual a carta fala (DELEUZE; GUATTARI, 2003). Essa duplicação do sujeito, própria do gênero epistolar, nos permite perguntar: qual Henriqueta, ou melhor, quais Henriquetas a poeta envia a Mário em suas cartas?

Em carta de 30 de dezembro de 1942, ela conta-se da seguinte forma:

> Sinto que recebi qualquer coisa, não sei se do sangue ou do espírito – que neste caso teria vindo pelo exemplo. Minha mãe é a encarnação exaltada das três virtudes teologais: fé, esperança e caridade. Meu pai é o culto silencioso das quatros cardinais: prudência, justiça,

> temperança e fortaleza. O que eu deveria ser! esquisito e incômodo é, para mim, percebê-los tão diferentes dentro em meu ser, pensar como papai e sentir como mamãe. Não virá daí minha determinação de equilíbrio poético? (LISBOA *apud* IONTA, 2007, p. 196-197)

Da fusão que ela elabora entre pai e mãe, nasce um idiossincrático mito andrógino. Essa imagem da androginia atrela-se a outra imagem igualmente instigante para a compreensão do autorretrato desenhado pela escritora em suas cartas: a da anacoreta. Ela diz a Mário, a propósito de explicitar sua opção poética: "Em verdade pertenço mais à categoria dos anacoretas do que à dos apóstolos" (LISBOA *apud* IONTA, 2007, p 197). Literariamente ela se esculpe como uma figura que pode ser associada à solidão, ao celibato, à virgindade, enfim ao indivíduo que renunciou à vida social e mundana.

No imaginário antigo, o deserto era o lugar de habitação das forças demoníacas, onde os desejos do corpo e os perigos da sexualidade podiam ser enfrentados. Henriqueta encara o deserto e apresenta-se como uma mulher mergulhada no seio da grande noite, vive em solos difusos, com contornos indefinidos, como expressa também seu famoso poema intitulado "Prisioneira da noite" (LISBOA, 1941, p. 1-2).

> Eu sou a prisioneira da noite.
> A noite envolveu-me nos seus liames, nos seus musgos,
> as estrelas atiraram-me poeira nas pestanas,
> os dedos do luar partiram-me os fios do pensamento,
> os ventos marinhos fecharam-se ao redor de minha cintura.
>
> Quero os caminhos da madrugada e estou presa,
> quero fugir aos braços da noite e estou perdida

Onde fica a distância? Dizei-me, ó Peregrinos,
onde fica a distância da qual me
chegam misteriosos apelos?

Alguém me espera, alguém me esperará para sempre,
porque sou a prisioneira da noite.

Tanto em sua obra privada quanto pública o drama da mulher intelectual, burguesa e cristã emerge com problematizações espinhosas entre arte, vida e política. De acordo com a poeta:

> A capacidade de sofrimento – ainda bem! É o maior fator da capacidade artística. Pelo menos para a mulher. Entretanto, paradoxalmente, é esta mesma capacidade de sofrimento que mata a intelectualidade feminina. A mulher não sente tanto a desesperação da verdade como a necessidade da harmonia. Deverei confessar-me? Não sou bastante rebelde para sentir-me uma verdadeira intelectual (para isso teria que superar muita cousa, sacrificar muita coisa). Nem sou bastante simples para viver a vida burguesamente como as outras mulheres. Não sou bastante generosa para renunciar à minha própria personalidade. Nem egoísta bastante para pensar unicamente em mim. Poderei ser feliz.... Contudo, não devo queixar-me se a arte tem sido a minha paixão, com a sua coroa de espinho, também tem sido meu bálsamo, com as suas vozes celestiais... E si eu tivesse de recomeçar, escolheria certamente este mesmo caminho (LISBOA *apud* IONTA, 2007, p. 200).

Nessa confissão, a ex-aluna do Colégio Sion exibe um não lugar, não se enquadra totalmente nem nas virtudes cristãs tampouco encarna o culto burguês do eu. A poeta problematiza-se com lentes cristãs no interior de uma sociedade moderna, em que o individualismo caminha a passos largos. Ela apresenta a Mário a tensão entre os fluxos de forças da mulher/poeta – ocupada com as questões do ser – com as poderosas forças oriundas da mulher/religiosa – atenta aos desejos da carne.

Com essa problematização de si, ela parece reativar a imagem da anacoreta em um mundo moderno e essa especificidade a leva a adotar procedimentos ascéticos cristãos rigorosos que podem ser trilhados nos questionamentos apresentados em suas missivas. Além disso, ela se autorrepresenta como uma mulher teimosa, persistente na busca de seus ideais e, para conquistá-los, ou melhor, para ser fiel a seus desejos, ela não bate mais o pé como fazia quando era menina, pois, a Henriqueta-mulher parece ter adotado como arte de lidar com a vida a "poética do sigilo".[4]

Essa poética – pode ser associada à arte da escuta, silêncio e do calar-se, sugere uma conduta pautada na prudência, contenção e reserva na vida social – a meu ver, essa ética-poética também singulariza sua correspondência e sua amizade com Mário de Andrade (IONTA, 2007). A relação entre eles é basicamente epistolar (encontraram-se poucas vezes), é uma amizade de papel e aproxima-se do modelo retórico "orelha-boca", no qual Henriqueta fala pouco e ouve muito, como sugere sua carta desejo: "Seria tão bom se pudéssemos conversar pessoalmente, de vez em quando, de tudo o que nos interessa e preocupa, sem determinação ou escolha, eu falando pouco e ouvindo muito (...)" (LISBOA *apud* IONTA, 2007, p. 120).

O movimento aparente do sujeito de enunciado é o da passividade feminina, mas como se pode notar nas cartas da

4 A expressão é retirada da crítica literária que Fábio Lucas (2001) elabora a propósito da obra poética de Henriqueta Lisboa. Uso essa expressão porque, a meu ver, ela perpassa a obra, sua escrita epistolar e sua arte de lidar com a vida.

escritora, o sujeito de enunciação ocupa um lugar de poder, pois é ela "a amiga dos que sofrem", acolhe as confissões de Mário e o apoia com sua escuta privilegiada. Sabe o momento oportuno de se pronunciar. Ela é a confessora, reveste-se do poder de julgar, perdoar e consolar. Entretanto, Henriqueta com suas mãos de "mulher perdoadeira", não inspira a justiça punitiva da ordem societária patriarcal e não ultrapassa a noção de justiça cristã.[5]

A escultura de si de Henriqueta nas teias da amizade mediante a escrita epistolar parece dar-se pela escuta, silêncio e reflexão. Asceses que ela realizou em sua correspondência com Mário. Assim, a poética do sigilo, adotada por Henriqueta em suas cartas, pode ser lida como um exercício de sabedoria e poder. Como ensinou Plutarco, em seu famoso "Tratado sobre a tagarelice": o silêncio refletido era sinal de sabedoria e boa educação. Para Fénelon "quem não sabe calar-se é indigno de governar" (FÉNELON *apud* COURTINE; HAROCHE, 1998, p. 184).[6]

Prudência e crítica não faltam a Henriqueta como nos dá a ler sua carta de setembro de 1942, em que ela diz a Mário que sabia muito bem o que fazia quando concordava com as

---

5 Em 7 de outubro de 1942, Mário disse à amiga que em suas missivas o que ele recebia eram carícias, em suas palavras: "é o seu carinho que me vem, seu coração compreensivo, seus ombros piedosos que impiedosamente escolhi pra descansar. Henriqueta boa que procura animar o menino poeta. E anima. Deus te abençoe em todos os instantes em que me lembro de você, preciso de você e queria você junto de mim" (ANDRADE, 1990, p. 109-110).

6 O tema do silêncio remonta a longínquas origens greco-romanas e cristã e "o homem silencioso" espalhou-se pelo mundo; por sua vez, o homem cristão humilde passou a ser, com o processo de secularização o cidadão laico prudente.

críticas do escritor a ela e a sua obra. Cotejando alguns poemas manuscritos enviados a Mário, com os que foram publicados, é possível notar que em diversas situações ela acatou as sugestões dele e em tantas outras ignorou e manteve sua própria versão.[7]

Como registra a história, os amigos divergiam em termos estéticos-literários. Mário defendia um programa estético-ideológico ligado à defesa de uma arte nacional e Henriqueta estava vinculada a uma poética religiosa e universalizante. Mas a diferença entre eles não impediu os afetos intensos e a construção de uma amizade ética e estética. Esse elo resultou em transformações pessoais, na reativação de processos de criação e experimentação artísticas para ambos. Evidentemente, essa amizade composição contribuiu para o aprimoramento literário da autora de *Convívio poético* que já se notabilizava como escritora na época.

Discutindo com Mário o cenário poético nacional na década de 1940, Henriqueta cria outro esboço de si mesma, novamente a propósito de explicitar sua direção literária. Às imagens de "anacoreta" e de "prisioneira da noite" soma-se outra igualmente instigante, isto é, a de estrangeira. Diz ela:

> Você diz que não pertenço às linhas gerais da crítica da poesia nossa, nem dos seus problemas e intenções. Pois é isso. Os meus problemas são até muito huma-

---

7 Henriqueta encaminhava a Mário junto com suas cartas, manuscritos de versos e realizava com ele, modificações, arranjos e seleções de poemas. A contribuição de Mário foi intensa, especialmente na crítica e seleção dos poemas que irão compor os livros da poeta, *Prisioneira da noite,* publicado em 1941, *e Menino poeta,* publicado em 1943.

> nos, são meus como de todos aqueles que apelam para forças morais em face da esfinge, quando não logram decifrá-la. Sinto-me criatura de Deus antes de tudo, muito antes de ser brasileira. E com isso não sei se haverá metal brasileiro em minha poesia. Estarei no meio da raça como estrangeira? (...) Mas não será por falta de amor que a minha poesia talvez não tenha pátria (LISBOA *apud* SOUZA, 2010, p. 32).

A despeito das objeções de Mário às ideias apresentadas nessa carta, Henriqueta mantém sua atitude reflexiva e crítica em sua escrita de si e exibe sua face autônoma, independente e o desejo de participar do debate intelectual do momento. Mesmo se sentindo uma estrangeira entre os escritores da época arrebatados pela poética do social, ela postula seu próprio caminho. Em sua arte de lidar com vida delineia-se uma atitude política de sobrevivência feminina e o desejo de conquistar um lugar de fala em um mundo literário majoritariamente masculino.

A escritora habitava um ambiente intelectual inóspito para as mulheres no Brasil, para não dizer misógino. Em 1961, Manuel Bandeira lamentou e pediu desculpas a Henriqueta por não incluir seu nome na *Apresentação da Poesia Brasileira*, apesar de achá-la uma das nossas maiores poetas (SOUZA, 2010, p. 33). Mas antes desse episódio, Mário já havia denunciado "a grosseria incrível" dos mineiros pela exclusão da poeta do Congresso dos Escritores, realizado em São Paulo em 1945. Como escreveu Eneida Maria de Souza, essas discriminações são "metáforas para reflexão sobre o difícil lugar a ser conquistado pela mulher-intelectual num período em que a tarefa de construção de uma nacionalidade literária se fazia no interior de uma confraria de homens" (2010, p. 35).

Apesar dos processos insistentes de exclusão a poeta resistiu. Como registra a história das mulheres no Brasil, a escritora movimentou-se no espaço público com grande habilidade, foi uma intelectual ativa e a primeira mulher a ocupar uma cadeira na Academia Mineira de Letras, em 1963. Henriqueta não deixou de se expor na arena pública, mas viveu também com intensidade o espaço da privacidade e da solidão. De sua correspondência emerge um ser impuro, misturado, em processo constante de subjetivação e dessubjetivação.

Como indicam seus dados biográficos, Henriqueta não se tornou uma monja ou uma freira e tampouco se entregou ao destino da grande maioria das mulheres de sua classe social, frequentemente fadadas a serem boas mães de família e a formarem os cidadãos da pátria. A escritora se destacou como professora, ensaísta, tradutora, entre outras atividades. À sua maneira, ela escapou das identidades sociais ligadas ao Estado e à Igreja. Reativou um modelo de mulher cristã que fratura a identidade da passividade feminina.

Em seus esboços de "anacoreta", Henriqueta venceu as forças misóginas do meio literário e conquistou seu lugar do panteão da História; como "prisioneira da noite" não precisou de nenhum cavaleiro para salvá-la da prisão; como "estrangeira" encontrou um lugar legitimado e reconhecido na ordem pública e no campo artístico. Em 1945, Sergio Milliet escreveu, a propósito da publicação de *A face lívida*, que a poeta recusava o sentimentalismo e a retórica, e mais, afirmou que sua "sensibilidade arisca" agradava a poucos, mas "agradava muito a esses poucos" (MILLIET, 1981, p. 232). Como ela escreveu a Mário, uma coisa era fazer literatura de êxito e outra obras literárias de valor e sua biografia exemplificou essa crença. O valor poético e estético de sua obra estava além da crítica forjada em regras e em convenções sociopolíticas marcadas pelo nacionalismo da "Era Vargas".

A literatura de si produzida pela poeta em suas cartas exibe um ser em constante embate, o drama de uma mulher-intelectual sem lugar definido e o seu desejo de encontrar harmonia e equilíbrio. Nesse sentido, a meu ver, Henriqueta faz um uso estratégico de suas cartas, pois o sujeito enviado a Mário, isto é, do enunciado, vive em constante embate consigo mesmo; não se alia a sua intensidade subjetiva, não se apazigua com as forças da noite que habitam sua alma; e vive num movimento incessante, um combate no papel que poupa o sujeito de enunciação (aquela que escreve) de qualquer movimento real. Imagino que esse uso da escrita epistolar abriu espaço para Henriqueta contemplar, refletir e sentir as forças da noite e do dia, da vida e da morte e extrair material poético para alimentar e erigir sua obra. Como ela confessa, sua vida subjetiva era robusta.

Assim, suas cartas não podem ser dissociadas de sua obra e ensaios, elas descortinam as filigranas entre o privado e o público, onde o fluxo contínuo de intensidades explode, pois como nos faz crer Deleuze e Guattari: "A questão individual ampliada ao microscópio, torna-se muito mais necessária, indispensável, porque uma outra história se agita em seu interior" (2003, p. 39).

Na escrita de si de Henriqueta agita-se a história de muitas mulheres-intelectuais e escritoras em um universo masculino. No caso específico da poeta, ela abandonou literariamente o tecido cotidiano da existência em favor da contemplação, da universalidade atemporal, da essência divina no interior do homem. Com isso não se aliou integralmente às forças da feminilidade e a seu território difuso, enigmático, imprevisíveis e indizíveis.

Talvez seja por isso que, nos anos 1980, a poeta e crítica Ana Cristina Cesar tenha afirmado que Henriqueta Lisboa deixou na literatura brasileira a presença feminina, sem contudo, se colocar como mulher. A poeta mineira não teve oportunidade de responder a crítica de sua colega, mas rebateu outras elaboradas em sua época e abordou surpreendentemente a questão da escrita feminina.

Nos anos 1940, ela foi acusada pela crítica de fazer uma poesia intimista desvinculada dos problemas sociopolíticos de seu tempo, pois seu lirismo conciso e sofisticado estava distante da poesia social adotada pelos poetas da geração de 1940. Na condição de mulher escritora respondeu de forma lúcida às críticas a sua poesia e deixou um recado potente a todos aqueles que se diziam comprometidos com uma arte política e social.

> Os que emprestam à arte um sentido revolucionário de classe devem saber que uma revolução não se faz de fora para dentro, mas sim de dentro para fora, pela base, partindo de um ponto de apoio que é, no caso, a consciência humana (...). Enquanto não nos definirmos ou não determinarmos a nós mesmos, não estaremos aptos para avançar no terreno social.// Você tem razão: não me sinto chamada à poesia social (LISBOA *apud* IONTA, 2007, p. 206).

Nesse desabafo epistolar, Henriqueta questiona os literatos arvorados de serem porta-vozes de mudanças sociais e políticas e supostamente comprometidos com seu tempo, se eles se sentiam seres humanos dignos da transformação que propunham. Com esse discurso, ela levanta questões perturbadoras debatidas atualmente por vários intelectuais e, em especial, pelas teóricas feministas, que, enfaticamente, afirmam: qualquer espécie de revolução não pode ser dissociada de uma revolução da alma, de uma revolução ética-política, ou seja, dos modos de produção de subjetividade na sociedade contemporânea.

Portanto, a poeta ressalta a necessidade de (re)conhecermos a nós mesmos e de construirmos uma política de nós mesmos mais digna e mais ética. Dessa atitude notável pode-se extrair elos importantes entre passado e presente. Sem dúvida a poeta abriu caminhos para as mulheres na literatura e na história brasileira. Dentro de seus limites históricos, vinculada às filosofias modernas do sujeito e da consciência e servindo-se de lentes cristãs no interior de uma sociedade dessacralizada, ela põe em pauta as questões da subjetividade e da ética e traz à tona, em 1944, a tão propalada questão da escrita poética feminina, positivando decididamente o "tom menor".

Os feminismos contemporâneos ampliaram as discussões sobre o "tom menor" como a escritora desejava. Aprendemos que o tom menor adquire caráter revolucionário quando as mulheres se aliam a sua feminilidade e tomam posse de seus próprios corpos, produzem "sextos" (sexo e texto). Para continuar o diálogo com Henriqueta e manter ativo o elo entre passado/presente gostaria de finalizar esse texto com as palavras de Hélène Cixous:

> Impossível definir uma prática feminina da escrita, e esta é uma impossibilidade que permanecerá, pois nunca se poderá teorizar essa prática, aprisioná-la, codificá-la, o que não significa que ela não exista. Mas ela

> ultrapassará sempre o discurso que rege o sistema falocêntrico; ela acontece e acontecerá para além dos territórios subordinados à dominação filosófico-teórica. Ela só se deixará imaginar pelos sujeitos que rompem com os automatismos, pelos que correm às margens e que nenhuma autoridade poderá subjugar (2022, p. 57-58).

Referências

ANDRADE, Mário de. O movimento modernista. *In*: ANDRADE, Mário de. *Aspectos da literatura Brasileira*. 5. ed. São Paulo: Martins/MEC, 1972. p. 231-255.

ANDRADE, Mário de. *Querida Henriqueta*: carta a Mário de Andrade. Lauro Palú (org.), Rio de Janeiro: José Olympio, 1991.

DELEUZE, Gilles; GUATTARI, Félix. *Kafka*: para uma literatura menor. Lisboa: Assírio & Alvin, 2003.

CARONE, Modesto. *Lição de Kafka*. São Paulo: Companhia das Letras, 2009.

CESAR, Ana Cristina. Literatura e mulher: essa palavra de luxo. *In*: CESAR, Ana Cristina. *Escritos no Rio*. São Paulo: Brasiliense; Rio de Janeiro: UFRJ, 1993.

CIXOUS, Hélène. *O riso da medusa*. Rio de Janeiro: Bazar do Tempo, 2022.

FOUCAULT, Michel. *A hermenêutica do sujeito*. São Paulo: Martins Fontes, 2004.

FOUCAULT, Michel. *O que é um autor*? Lisboa: Vega, 1992.

FOUCAULT, Michel. *História da sexualidade III*: o cuidado de si. Rio de Janeiro: Graal, 1985.

HAROCHE, Claudine. *Da palavra ao gesto*. São Paulo: Papirus, 1998.

IONTA, Marilda. *As cores da amizade*: cartas de Anita Malfatti, Oneyda Alvarenga, Henriqueta Lisboa e Mário de Andrade. São Paulo: Annablume; Fapesp, 2007.

LISBOA, Henriqueta. *Convívio poético*. Coleção Cultura, 4. Belo Horizonte: Secretaria de Educação de Minas Gerais, 1995.

LISBOA, Henriqueta. *Prisioneira da noite*. Rio de Janeiro: Civilização Brasileira, 1941.

LISBOA, Henriqueta. *Melhores poemas de Henriqueta Lisboa*. Org. de Fabio Lucas. São Paulo: Global, 2001.

LOPEZ, Telê. Cartas de Mário de Andrade a Henriqueta Lisboa. *O Estado de São Paulo*, Suplemento Cultura, n. 577, 31 ago. 1991.

MILLIET, Sérgio. *Diário crítico*. São Paulo: Edusp, 1981.

PLUTARCO. *Sobre a tagarelice e outros textos*. São Paulo: Landy, 2008.

SCHOLLHAMMER, Karl Eric. As práticas de uma língua menor: reflexões sobre um tema Deleuze e Guattari. *Ipotesi*, Juiz de Fora, v. 5, n. 2, p. 59-70, 2001.

SOUZA, Eneida Maria de (org. e int.). *Correspondência de Mário de Andrade & Henriqueta Lisboa*. São Paulo: Peirópolis: Edusp, 2010.

SOUZA, Eneida Maria de. A dona ausente: Mário de Andrade e Henriqueta Lisboa. *In*: GALVÃO, Walnice Nogueira; GOTLIB, Nádia Batella (orgs.) *Prezado senhor e prezada senhora*. Estudos sobre cartas. São Paulo: Companhia das Letras, 2000.

UFMG. Centro de Estudos Literários da Universidade Federal de Minas Gerais. AEM/CEL/UFMG. Acervo dos Escritores Mineiros.

USP. Instituto de Estudos Brasileiros (IEB) da Universidade de São Paulo. Arquivo Mário de Andrade. Série correspondência passiva. Cartas de Henriqueta Lisboa. Manuscrito.

Políticas da amizade: o alvo humano

Túlio César Vieira Alves

> "Se porventura, em assomo 'flaubertiano', eu disser esta frase: 'Minha poesia sou eu', deverei esclarecer que me refiro à poesia em estado de nebulosa ou magma, anterior à condensação e configuração do poema".
>
> Henriqueta Lisboa, "Poesia: minha profissão de fé".

O que é um amigo? O que é uma amiga? Existem variadas respostas para a pergunta formulada. Entretanto, somente a amizade literária é capaz de unir a fraternidade e a sororidade. A literatura une aquilo que os homens separam. A questão de gênero é, inegavelmente, um campo privilegiado dos estudos literários, sobretudo, quando a voz feminina se afirma como discurso identitário. Homens e mulheres se expressam de modo diverso sobre temas comuns a ambos.

Não obstante, quando o discurso da diferença se exaure, nota-se, igualmente, um movimento de convergência do sensível. A expressão se humaniza e fragiliza as marcas de identidade de gênero. O discurso funde as marcas de gênero e se assume como expressão do humano, demasiadamente humano. Para além da simples menção nietzchiana, esse discurso sem gênero se faz porta-voz da dor de ser humano. Ou ainda, como antevia Mallarmé, um discurso por vir capaz de conter toda a expressão do humano.

Políticas da amizade é um longo artigo de Jacques Derrida (2003), do qual me aproprio do título para homenagear uma vez mais a escritora mineira Henriqueta Lisboa. Interessa-me, sobretudo, compartilhar as reflexões do filósofo francês em diálogo com os textos críticos de Henriqueta Lisboa, notadamente nos ensaios e, ainda, na sua correspondência com Mário de Andrade e outras personagens da história recente. Conceitos de amizade, de amigo e, em alguns momentos, de inimigo, conduzem a leitura pelos labirintos aporéticos da desconstrução derridiana. O contemporâneo nos descortina as possibilidades das leituras atemporais. Afinal, aquilo que chamamos contemporâneo é uma forma de leitura do humano.

A correspondência entre Mário de Andrade e Henriqueta Lisboa está reunida no magnífico volume organizado pela saudosa professora Eneida Maria de Souza (2010), de quem tive a honra de ser arguido em duas ocasiões. No exame de qualificação da tese e na defesa do doutorado. Nunca me esquecerei de suas valiosas observações e sugestões de vias possíveis para trilhar o árduo caminho de uma tese acadêmica.

O gênero carta está fadado a ser obliterado pelo e-mail. Este, por sua vez, vem sendo preterido pelas mensagens de voz das mídias sociais. Qual o lugar das cartas na sociedade contemporânea? Restringiu-se a um exercício de prática de escrita com intenção puramente didática como se observa em concursos de redação de cartas? Não há dúvida de que essa iniciativa resgata a nostalgia da correspondência cultuada como momento de encontro entre pessoas. A escolha das palavras, o estilo, os recursos expressivos, tudo somado, confere ao ato de se corresponder por cartas uma magia especial.

Felizmente, os acervos de escritores ligados aos mais diferentes órgãos da cultura primam em conservar esses verdadeiros documentos da literatura. A epistolografia reunida de escritores fornece um manancial inesgotável para crítica genética, assim como para praticamente todas as linhas de pesquisa do texto literário.

A amizade literária se nutre da correspondência entre escritores. O assunto literário, motor de aproximação de afinidades estéticas, logo se adentra nos domínios da intimidade e das confidências. O escritor e a escritora, o poeta e a poeta, o intelectual e a intelectual. Não importa a composição entre os pares, há sempre uma troca. Entretanto, tal troca não se constituía em uma prática contumaz. Pelo contrário, era um momento raro, sobretudo quando se pensa no período em que Mário e Henriqueta trocaram cartas e afetos, como observou Eneida de Souza:

> Poucas interlocutoras femininas teve Mário de Andrade, por pertencer a um círculo literário dominado por escritores, no qual a participação da mulher no espaço público era bastante limitada. Entre as destinatárias do morador da rua Lopes Chaves, Henriqueta Lisboa ocupou lugar de destaque, embora tenha usufruído a companhia do escritor apenas em seus últimos anos de vida (1939-1945) (SOUZA, 2010, p. 22).

Portanto, a presença da voz feminina no epistolário de Mário de Andrade representa uma ruptura com a tradição falocêntrica.

Em leitura de uma passagem de Nietzche, Derrida aponta que, para o filósofo alemão, essas questões colocam em evidência a fraternidade no masculino. A questão gramatical coloca em xeque a validade do neutro masculino:

> Talvez não tenham deixado passar isto: escrevemos e descrevemos os amigos no masculino, no neutro-masculino. Não vejam nisto uma distracção ou um lapso. Seria antes uma maneira laboriosa de escavar o sulco de uma questão. Por ela somos transportados desde o primeiro passo: o que é uma amiga? E a amiga de uma amiga? Porque é que as nossas "filosofias" e as "nossas" religiões, a nossa "cultura" reconhecem tão pouco direito irredutível, de significação própria e aguda a uma tal gramática? (DERRIDA, 2003, p. 68).

Mário de Andrade em um poema autobiográfico afirma ser "trezentos, trezentos e cinquenta" (ANDRADE, 1993, p. 211). Esse poema ilustra as muitas faces do pensador de múltiplos horizontes. Sua correspondência atesta a forma como dialogava com todos os domínios da arte e da cultura. Consciente das confidências e das inconfidências contidas na sua correspondência, Mário de Andrade possuía extremo zelo com o conteúdo alheio: "Correspondente que não se furtava a confidências sobre si próprio, Mário de Andrade procurou, todavia, resguardar a intimidade alheia. Assim, determinou que, após a sua morte, as cartas recebidas e por ele guardadas em pastas permanecessem fechadas à consulta e à publicação durante cinquenta anos" (ANDRADE *apud* SOUZA, 2010, p. 13).

Curiosa relação entre a morte e a amizade. Cícero, lembra Derrida, afirma que a amizade traz inúmeras vantagens, "mas nenhuma delas é comparável a esta esperança sem igual, a este êxtase em direção a um porvir que ultrapassará a morte. Por causa da morte, e desta passagem única para além da vida, a amizade nos dá assim uma esperança que nada tem de comum, excetuando o nome, com qualquer esperança" (DERRIDA, 2003, p. 19). A morte como aporia do porvir. A comunidade por vir, representada por aqueles que no momento da morte de Mário ainda não existiam, assume no presente, a potência da pesquisa biográfica e a busca pelos traços que sinalizam a memória do vivido.

A pesquisa no acervo de Mário de Andrade conduz ao movimento que transporta o tempo passado para o presente como forma de celebrar a amizade entre os mortos viventes. Memória viva. O movimento se reflete no trânsito entre acervos. A correspondência passiva e ativa como vias de mão dupla. Amar o perdido, verso celebrado no poema "Memória", de Drummond (1992, p. 204), sintetiza a ideia do amor contido na morte. Insiste-se nessa relação para se introduzir o conceito de *aimanse* (amância), derridiano por excelência. Para o autor da desconstrução, a palavra é um neologismo necessário para se compreender que a amizade é regida pela imperiosa necessidade de amar mais do que ser amado. A predisposição para amar permite a ação em ato, ressignificando a relação entre voz passiva e ativa. Amizade, sobrevivência e morte:

> A Ética a Eudemo, por exemplo, inscreve imediatamente amizade, o conhecimento e a morte, mas também a sobrevivência, numa só e mesma configuração. O mesmo não é outro que o outro. Tem pelo menos a figura do outro. A necessária consequência desta estranha configuração dá que pensar para além de qualquer fronteira ulterior entre o amor e amizade, mas também entre a voz passiva e a voz ativa, entre o amar e o ser-amado, tem lugar a amância [*aimance*]. E é preciso saber como é que vale mais amar a amância (DERRIDA, 2003, p. 21).

O conceito de amância se desdobra em outras aporias. Retomando Nietzche, Derrida introduz a ideia da desproporção necessária para reconhecimento da boa amizade: "A boa amizade nasce da desproporção: quando se estima ou respeita (*achtet*) o outro mais do que a si mesmo. O que não quer dizer, precisa Nietzche, que se ame mais do que a si mesmo – e eis aqui uma segunda partilha na amância, entre a amizade e o amor" (DERRIDA, 2003, p. 74). Esse sentimento de desproporcionalidade se expressa na carta enviada por Henriqueta Lisboa a Mário de Andrade em 4 de junho de 1940: "Quando me lembro que é você maior dos que pensam no Brasil, quando me lembro que nos vimos apenas três vezes! Depois de todas essas cartas sinceras, *sans arrière pensée*, creio que vou sentir-me perfeitamente provinciana ao encontrá-lo em pessoa. E isto não tardará. Dentro de alguns dias aí estarei" (LISBOA *apud* SOUZA, 2010, p. 100). Semelhante pensamento se encontra em outra carta, de 28 de abril de 1940: "tantas emoções me sacudiram ao tomar conhecimento de sua carta de 16 e 17, que levei tempo antes de coordenar minhas ideias e meus sentimentos. Até na sua bondade percebo manifestações de gênio!" (LISBOA *apud* SOUZA, 2010, p. 95).

Conhecida e celebrada é a representação da morte na poesia de Henriqueta Lisboa. Tal presença lhe valeu o epíteto de poeta da morte, conferido por Jorge Ramos (1958), em artigo de mesmo título. Dois livros de poesia de Henriqueta Lisboa são dedicados inteiramente ao tema da morte, *A face lívida* (1945) e *Flor da morte* (1949). O primeiro foi dedicado à memória de Mário de Andrade. Essa obra possui um elemento especial cuja história antecede a publicação livro:

> Em 9 de outubro de 1944, por ocasião do aniversário de Mário, Henriqueta envia ao amigo poemas do futuro livro *A face lívida*, copiados num caderno azul, em fina caligrafia e envolto em fita de tafetá também azul. Esse objeto-presente exibe a prática comum exercida até meados do século XX pela mulher-escritora: a cópia de poemas de sua autoria – ou de textos poéticos de sua predileção – e o envio ao destinatário como prova de amor ou amizade. Por seu estatuto artesanal, a cópia manuscrita do futuro livro é uma variante da carta, restrita à interlocução de duas pessoas, e dedicada a um leitor especial. A obra literária, entendida nessa função de fetiche e culto restringe o número de leitores e se sacraliza como objeto único, antes de entrar no processo de reprodução técnica. O corpo da letra realiza o desejo de aproximação com o outro por meio desse ritual literário, mediação capaz de substituir o encontro efetivo (SOUZA, 2010, p. 36).

Para além de uma leitura baseada em pressupostos psicanalíticos, interessa, nesse ponto do artigo, introduzir a ideia da política em amizade. Aliás, interessa igualmente introduzir o conceito de política como dispositivo cultural. A política em seu sentido mais amplo se desdobra no conceito de comunidade. Daí sua representação no paradoxo cultural a que se chama democracia ocidental. Ora, não se pensa a política sem o aparato da democracia. O regime do comum, o governo para todos e não o governo de todos. Derrida é um crítico ferrenho das representações da democracia no mundo ocidental. Para ele, a contradição fundamental se encontra no seio da representação do comum e da comunidade. "Porque o comum é raro, e a medida comum é uma raridade para os raros" (DERRIDA, 2003, p. 59).

Portanto, retomando a citação de Souza a propósito do envio dos textos manuscritos de *A face lívida* para Mário, depreende-se dessa "prova de amizade" um ato político por excelência. A partilha do sensível. Para Rancière, "uma partilha do sensível é, portanto, o modo como se determina no sensível a relação entre um conjunto comum partilhado e a divisão de partes exclusivas" (RANCIÈRE, 1995, p. 7). Os manuscritos enviados a Mário são partes exclusivas da partilha entre ambos, a raridade de que trata Derrida. O livro, a obra editada e compartilhada com o público configura a partilha do comum. A essa partilha dá-se o nome de democracia.

A política da amizade desdobra-se em política da escrita e, por que não, em política da literatura. Henriqueta Lisboa foi educada em um mundo antigo. Como Clara, personagem drummondiana do poema "Lembranças do mundo antigo", sua infância foi cercada de cuidados maternos e paternos. Sua formação cultural e intelectual foi típica das classes mais abastadas de nossa elite social. Música, pintura e poesia formam o tripé de sua formação cultural. Ademais, o ambiente político no qual conviveu com as personalidades da antiga república descortinou um ambiente de possibilidades restritas ao mundo masculino. A política do café com leite proporcionou-lhe o conhecimento do mundo masculino do poder. Seu pai, João de Almeida Lisboa foi deputado federal e influente político mineiro. A política institucional foi importante elemento em sua trajetória pessoal.

Todavia, a política em sua poesia ou em seus ensaios não possui relação com a política partidária do senso comum. Trata-se, na verdade, de uma atualização do conceito de política como representação de uma comunidade. Paradoxalmente, uma comunidade sem comunidade, para se retomar o pensamento derridiano da desconstrução: "Comunidade sem comunidade, amizade sem comunidade dos amigos da solidão. Nenhuma pertença. Em semelhança nem proximidade. Fim da *oikeiótēs*? Talvez. Eis em todo caso amigos que procuram reconhecer-se sem se conhecerem" (DERRIDA, 2003, p. 57).

Em seus ensaios, Henriqueta Lisboa faz uma escolha política. Afinal, ao eleger seu objeto de reflexão, a ensaísta leva em conta sua relação com o sujeito analisado. A poeta e a ensaísta transitam pelo mesmo espaço da reflexão crítica e estética, ou em outras palavras, a poeta e a ensaísta se valem do jogo da representação do valor na arte e na vida. Nietzche, retomado por Derrida, anseia pelo advento do filósofo do porvir. Nesse sentido, Derrida é uma realidade desse encontro. Assim podemos admitir a existência de comunidades por vir. Comunidades estéticas em que o valor da vida e o da poesia sejam unos. Afinal, esse é o farol que guia o pensamento de Henriqueta Lisboa, "a coerção do eterno dentro do efêmero". *O menino poeta*, obra emblemática dedicada à poesia infantil, antecipa a ideia de uma comunidade de poetas por vir:

> Depois desses versos, repentinamente, dei de ficar preocupada com os pequeninos futuros poetas do Brasil. E comecei a escrever um livro para eles. Em duas semanas o livro está quase pronto. Eu mesma estou espantada. Não sei se serão, de fato, versos para crianças. Escrevo-os com todas as minhas reservas de puerilidade e embevecimento diante da vida. É a poesia que eu quisera ter encontrado aos doze anos (LISBOA *apud* SOUZA, 2010, p. 169).

A comunidade por vir

O primeiro livro de ensaios de Henriqueta Lisboa é *Convívio poético* (1955). O texto de abertura se intitula "Definição de poesia". Seguem-se a este, outros textos baseados no princípio da poesia como valor humano e universal, como se depreende por intermédio dos títulos afins: "Essência da poesia", Conceito de poesia", "Poesia, beleza e estética", dentre outros. São textos autorreferenciais do fazer poético e que se inscrevem na rubrica de uma comunidade poética.

Na segunda parte da obra inaugural, encontram-se seus primeiros textos sobre a poética de nomes consagrados de nossas letras, sobretudo dos simbolistas de cuja técnica Henriqueta reconhece fundamental influencia. Cruz e Sousa é contemplado em um ensaio de quatro partes cujos títulos dialogam com os valores apresentados na primeira parte de *Convívio poético*. "A dor superada", "O culto da beleza", "O sentimento do orgulho" e "A ideia da morte". Sobre esse último, afirma Henriqueta: "A ideia da morte é fonte primacial na Poesia de Cruz e Sousa" (LISBOA, 1955, p. 129). A realidade da morte encontra na metáfora do silêncio sua mais perfeita representação. Essa metáfora pode ser contemplada no ensaio dedicado a Cruz e Sousa, conforme trecho destacado pela autora:

> Silêncio e prece no fatal segredo,
> perante o pasmo do sombrio medo
> da morte e os seus aspectos reverentes...
>
> Silêncio para o desespero insano,
> o furor gigantesco e sobre humano,
> a dor sinistra de ranger os dentes!
> (LISBOA, 1955, p. 133).

Por sua vez, expressa-se a voz poética em *A face lívida*:

> Lábios que não se abrem, lábios
> com seu segredo
> Calado.
>
> Segredo no ermo da noite
> resiste à rosa dos ventos
> Calado.
>
> Resto de lágrimas sobre
> lábios
> Calados
> (LISBOA, 2020, p. 215).

Considerando que a comunidade por vir pode ser imaginada tanto em um futuro quanto em um passado, o diálogo entre Cruz e Sousa e Henriqueta Lisboa é atualizado em uma perspectiva de partilha do comum. A morte e seu poderoso apelo ao mistério e ao transcendente une os dois poetas na realidade do ensaio. A possibilidade do encontro de uma comunidade por vir com uma comunidade do passado encontra em Henriqueta uma interlocutora privilegiada, dotada de uma leitura perspicaz e envolvente. Dessa forma, pode-se localizar na poesia de Dante um interlocutor do passado cujo apelo ecoa nas leituras da autora. Tradutora dos cantos do purgatório de Dante, soube Henriqueta transpor para o presente da enunciação toda a força contida nos enunciados dos famosos cantos. A escolha pelo purgatório humaniza ainda mais a poesia de ambos. O purgatório dantesco é o espaço do humano, demasiadamente humano. Nele, certamente, outras comunidades se encontraram. Nietzche, Derrida, Mário de Andrade, Guimarães Rosa, Drummond, entre outros, se humanizam na companhia de Dante e Virgílio. Henriqueta, não há dúvida, prefere estes aos anjos mudos do paraíso.

Do purgatório dantesco emerge a figura de Mário de Andrade. Em longa carta datada de 11 de julho de 1941, Mário, dentre outros assuntos, realiza um inquietante discurso a propósito de seus retratos pintados por artistas consagrados. Relembra, entre outros, o retrato feito por Flávio de Carvalho. Esse retrato poderia ser a imagem de Mário de Andrade no purgatório de Dante. Essa afirmação leva em conta o fato de que a obra em questão provocou intensa impressão no autor da *Pauliceia*, misto de inquietação e admiração. Na mesma carta, ao contrastar os diversos retratos de sua figura, ele se dá conta de que aquela obra soube captar como nenhuma outra sua personalidade, referenciada na frase dita por Flávio de Carvalho: "Você andando na rua parece... não sei... você anda erguido" (ANDRADE *apud* SOUZA, 2010, p. 155). Então, o retratado se encontra no pintor. Nas palavras de Mário, aquele retrato parecia ter sido pintado por ele próprio. Essa constatação oferece abertura para a comparação com outras pinturas, nas quais havia a impressão de que sua participação ia além da pose. Assim, ao comparar os retratos feitos por Lasar Segall e por Portinari, confessa que este soube captar seu lado bom, "e foi nesse estado iluminado de amor que ele fez o meu retrato que... eu fiz ele fazer de mim: só bom" (ANDRADE *apud* SOUZA, 2010, p. 159). Um retrato digno do paraíso dantesco. Efeito oposto teria sido o retrato foi por Segall, "feito sozinho" por ele, sem a participação de Mário, captando o lado escuro de sua personalidade; "Como bom russo complexo e bom judeu místico ele pegou o que havia de perverso em mim, de pervertido, de mau, de feiamente sensual. A parte do Diabo. Ao passo que o Portinari só conheceu a parte do Anjo" (ANDRADE *apud* SOUZA, 2010, p. 159). Entre o paraíso, o inferno e o purgatório, Mário de Andrade se reconhece no purgatório terreno.

Henriqueta Lisboa, confidente e conselheira, estava a par do estilo de vida do amigo. Embora nas cartas esse assunto não se configurasse uma preocupação para ambos. A vida de excessos vinha à tona em alguns momentos da correspondência, como se depreende da comunicação de sua volta à casa de São Paulo, quando deixou cargo de diretor do patrimônio nacional no Ministério da Cultura: "Ainda não tive tempo de sentir saudades do Rio, nesta gostosa preocupação de pôr as coisas no seu lugar, destruir guardados inúteis etc., mas tenho certeza que vou sentir muitas saudades do Rio. Mas serão sempre saudades moralizadoras. A culpa não será do Rio, no meu caso, eu é que sou fraco, sensual, imoral" (ANDRADE *apud* SOUZA, 2010, p. 135). Daí, em alguns trechos de outras correspondências, Henriqueta revela preocupação com o estado de saúde do amigo: "Como vai de saúde, Mário? Tenha cuidado, eu lhe peço. Com muito carinho" (LISBOA *apud* SOUZA, 2010, p. 192). Ou ainda a propósito do sofrimento moral do amigo: "Eu sabia que Deus tinha força, não contra você mas em você, contra essa outra força desordenada que procura às vezes afastá-lo de Deus" (ANDRADE *apud* SOUZA, 2010, p. 178). Até a última carta, Henriqueta conservaria sua discrição, preservando-se da intromissão indelicada, praticando sempre a boa política da amizade.

O devir mineiro

Em *Convívio poético* (1955), a comunidade por vir pode ser entendida em sua direção oposta, a saber, do movimento dos poetas mortos e que ressurgem no presente contemporâneo de Henriqueta como se expressa nos ensaios dedicados a Cruz e Sousa, analisados anteriormente. Fagundes Varela, Álvares de Azevedo, entre os românticos brasileiros, Camilo Pessanha e Fernando Pessoa entre os modernos portugueses, mereceram a leitura arguta e atenta de uma poeta do porvir. Comunidade dos poetas mortos cujos versos soam tragicamente atuais para a autora. A leitura desses ensaios oferece a oportunidade de se conhecer a recepção crítica desses poetas atualizados sob a ótica de Henriqueta Lisboa, sempre em consonância com a teoria e a crítica literárias mais contemporâneas para a época.

A poesia de Fernando Pessoa, considerando-se o período em que os ensaios foram publicados, representa a vanguarda dos estudos de poesia em língua portuguesa. A intuição, força-mor do fazer poético, encontra em Pessoa uma ressonância extraordinária com o pensamento crítico de Henriqueta.

Ainda em *Convívio poético* (1955), encontra-se o ensaio dedicado à poesia de Carlos Drummond de Andrade. Drummond e Henriqueta pertencem à comunidade de poetas mineiros. Partilham a mineiridade típica das letras de nossa literatura. O ensaio em questão, "Carta sobre o sentimento do mundo" aborda a mineiridade comum a ambos: "Não conheço, na poesia, livro mais grave do que esse. Nem mais sóbrio na plenitude artística. Nem mais triste na substância anímica" (LISBOA, 1955, p. 173). O mineiro é peculiar na expressão de seu orgulho, verdadeiro amálgama de melancolia e ceticismo. O tom intimista desse ensaio pode ser percebido por intermédio da presença da palavra carta que se encontra no próprio título. Aliás, Henriqueta e Drummond, além de irmãos em poesia, foram também colegas no Ministério da Educação. Inspetora federal de ensino e chefe de gabinete, respectivamente. Prevalece o tratamento informal típico de um diálogo. Henriqueta torna a leitura de *Sentimento do mundo* um momento de confidência e de identidade no fazer poético de ambos. As reflexões do tempo presente, contemporâneo aos dois, configuram rara oportunidade para se entender o Brasil dos anos 1950 sob a ótica da poesia: "E isso me obriga a pensar; como evoluiu, como se humanizou o conceito de poesia nos nossos tempos!" (LISBOA, 1955, p. 175). O humor drummondiano, traço de sua poesia reconhecido por toda a crítica contemporânea, não passou despercebido na leitura de Henriqueta, antecipando-se, por assim, à recepção crítica mais atual. A "carta" endereçada a Drummond lembra, em alguns momentos, a rica troca entre Henriqueta e Mário de Andrade, como se pode entrever no seguinte trecho do ensaio: "a sua pessoa sintetiza, constrói um mundo de que me orgulho, sim, como brasileira sonhadora da beleza, mas que me penaliza pelo que contém de amargura em sua essência" (LISBOA, 1955, p. 175). A ironia, o sarcasmo e o ceticismo drummondianos não impediram, entretanto, de reconhecer em seus versos a presença de um elemento muito caro a Henriqueta, a fraternidade cristã: "a sua atitude de generosa fraternidade humana" entrevistos nos poemas "O operário no mar" e "A noite dissolve os homens". Drummond, por sua vez, parece responder à "carta" de Henriqueta em um artigo intitulado "Henriqueta Lisboa: um poeta conta-nos da morte". Trata-se da leitura de Drummond acerca do livro de poemas *Flor da morte* (1949). Tratado poético da morte foi o termo com o qual se referiu o poeta itabirano. Nele, Drummond reconhece um doloroso ato poético que desperta a solidariedade em todos que já experimentaram ou que ainda vão experimentar a contemplação do mistério:

"Não ignoram os poetas, que, desde as eras mais recuadas até os dias presentes, outra coisa não fazem – se merecem realmente o nome de poeta – senão aproximar-se de seus obscuros domínios para interpretar-lhes o mistério" (LISBOA, 2020a, p. 537). Os poetas se comunicam para além de uma afinidade de ofício, eles se comunicam pela partilha comum dos afetos da poesia

Foi no segundo livro de ensaios, *Vigília poética* (1968), que Henriqueta pôde evocar a memória de Mário de Andrade com o devido distanciamento temporal, passados vinte anos do desaparecimento do poeta da "Meditação sobre o Tietê". Em sua abertura, o ensaio dialoga com o pensamento contemporâneo: "sinto-me amar, levado a amar o morto, este ser-amado ou este ser-amável, de que já se disse que ele não tem necessariamente de estar vivo, e que transportava portanto a morte no seu ser-amado, como seu ser-amável, no alcance da referência ao seu próprio ser-amado" (DERRIDA, 2003, p. 26). Ora, por detrás da aporia derridiana, descortina-se o desejo de se perpetuar o amor e a amizade, como se depreende das palavras de Henriqueta Lisboa: "Evocar a memória de alguém é procurar, principalmente, o que deixou de vivo esse alguém, o que dá testemunho de sua mesma vitalidade, apesar da morte" (LISBOA, 1968, p. 28). A morte para a poeta é a cessão do mistério. Para ela, o mistério estaria na vida e não na morte.

O ensaio seguinte, "A poesia de Grande sertão: veredas", representa um dos momentos mais lúcidos da ensaística dedicada ao romancista mineiro. Nele, Henriqueta soube traduzir a poesia contida na linguagem, na paisagem e, sobretudo, nas personagens do *Grande sertão*. Original na escolha dos aspectos estudados, indo muito além das primeiras impressões que a recepção da época havia identificado na obra de Rosa, Henriqueta trouxe um novo olhar para contemplar a personagem Diadorim. Expressa-se a autora, parafraseando Rosa: "Diadorim paira no livro, à maneira de coisa levitante, friável, evanescente" (LISBOA, 1968, p. 38). Henriqueta soube, como poucos, balizar a dimensão dos dois sertões, o de Euclides e o de Rosa. Sem esquecer a grandeza do sertão de Euclides, é somente no sertão rosiano onde se pode contemplar a pureza da luz de um quadro de Van Gogh. Em carta datada de 28 de maio de 1958, Rosa agradece imensamente as palavras proferidas por Henriqueta. Nota-se, pelo teor das palavras empregadas, a admiração recíproca: "É como se eu estivesse lá, ouvindo, vendo, me comovendo" (LISBOA, 2020a, p. 679). Há ainda outra carta de Rosa, de 27 de fevereiro de 1958, agradecendo, dessa vez, o envio do livro *Azul profundo*. Rosa reproduz na carta trechos dos poemas contidos na referida obra. O efeito obtido é um novo poema de Rosa/Henriqueta. Uma declaração de carinho, admiração e, sobretudo, amizade poética, intitulada "Sua poesia" (LISBOA, 2020a, p. 678).

A figura de Rosa seria contemplada ainda no terceiro e último livro de ensaios de Henriqueta, *Vivência poética* (1979). O ensaio "Guimarães Rosa e o conto" coloca em cena novamente a leitora Henriqueta Lisboa em consonância com a teoria literária presente na recepção da obra de Guimarães Rosa. O texto forma um circuito em torno dos livros de contos de Rosa. Prevalece a visão de poesia na prosa rosiana: "É certo que as palavras não alcançam plenamente a incógnita. Mas também é certo que um poeta como Rosa abre clareiras no mundo das sombras" (LISBOA, 1979, p. 60). A filosofia, a ficção e a poesia são as chaves de leitura da prosa poética de Rosa.

O que é uma amiga?

A comunidade dos iguais ou dos afins encontra na sororidade uma representação contemporânea da presença feminina nas letras. Henriqueta Lisboa conheceu figuras femininas de destaque nas letras nacionais e internacionais, legítima comunidade de escritoras. A correspondência com Cecília Meireles, Aurélia Rubião (pintora e prima de Murilo Rubião), Gabriela Mistral e Afonsina Storni[1] ilustra esse fecundo período da cultura nacional.

Convívio poético (1955) traz um breve ensaio da poesia de Cecília Meireles. Nele, Henriqueta compara a poesia da amiga a uma imagem "de um alto rochedo inacessível aos vagalhões circundantes e coroado de nuvens" (LISBOA, 1955, p. 177). A metáfora empregada não representa uma versão atualizada da torre de marfim dos antigos parnasianos, entretanto configura uma realidade próxima das duas poetas. Uma poesia que não abre mão da incitação ao Mistério. A inicial maiúscula adotada tem a função de estabelecer uma partilha do sensível. A parte comum a ambas as poesias, a de Cecília e a de Henriqueta, e a parte específica como representação desse mistério contido na realização da poesia: "Habituada ao mistério, fonte de riqueza artística, não assume atitudes estranhas quando a ele se refere" (LISBOA, 1955, p. 179). Daí o emprego das palavras simplicidade e sobriedade com as quais realiza o milagre da poesia. A poesia das amigas transcende o apelo próprio de um interesse comum ao eleger a poesia como expressão da vida. Trata-se de uma peculiar

---

1 A correspondência passiva de Henriqueta Lisboa com as escritoras mencionadas pode ser conferida no Acervo de Escritores Mineiros (AEM), na Universidade Federal de Minas Gerais (UFMG).

visão da poesia sob a ótica feminina sem alarde ou, como observou Henriqueta: "A experiência de vida tornou maior em Cecília aquele inato inconformismo" (LISBOA, 1955, p. 179). A amiga seria lembrada ainda em *Vigília poética* (1968), no ensaio "Poesia de Israel", coletânea de poemas de autores hebraicos, obra cuja tradução fora feita por Cecília Meireles.

Aurélia Rubião, nascida em Varginha em 1901, no mesmo ano em que Henriqueta, foi presença constante na vida da poeta. Aliás, com um retrato de Henriqueta Lisboa obteve o primeiro lugar no Salão de Artes da prefeitura de Belo Horizonte em 1939. Coube a José Carlos Lisboa, irmão de Henriqueta, recomendar a amiga a Mário de Andrade, conforme consta na carta de 11 de dezembro de 1939: "Meu querido Mário, aí vai Aurélia Rubião. Você já a conhece. Ela deseja um contato com a Arte nova e o seu padrinho melhor tem de ser Você, pela sua generosidade e pela admiração que nós todos de Minas temos pela sua obra" (LISBOA *apud* SOUZA, 2010, p. 339). Aurélia Rubião constituiu-se assunto nas cartas entre Henriqueta e Mário de Andrade: "Penso sempre na nossa Rubião que ainda precisa libertar-se de muitas coisas", refere-se Mário em carta a Henriqueta, de 28 de setembro de 1940 (ANDRADE *apud* SOUZA, 2010, p. 121). Ou ainda: "Transmiti a Aurélia as suas palavras, satisfeita com seu interesse por ela, que é uma das melhores criaturas que eu conheço, artista de sensibilidade e de consciência, com um desejo sincero de aperfeiçoar-se, extraordinária lutadora da vida, cujo exemplo me comove e edifica", retoma Henriqueta em carta a Mário, de 15 de outubro de 1940 (LISBOA *apud* SOUZA, 2010, p. 126). A própria Aurélia Rubião escreve para Henriqueta para narrar uma visita feita ao poeta de São Paulo. Descreve, inicialmente, o ambiente cultural reinante na casa da rua Lopes Chaves, 546, em que livros, quadros, esculturas dentre outras peças, formavam o ambiente de um verdadeiro museu. Ao final daquela correspondência, Aurélia lhe relata o convite recebido para fazer estudos sobre desenhos de criança. O convite motivou o seguinte comentário de Aurélia Rubião: "Conheço alguém que ficaria com inveja... Enfim, foi uma tarde agradável, como você havia previsto" (LISBOA *apud* SOUZA, 2010, p. 175). Percebe-se na correspondência entre as amigas que além do assunto grave concernente às artes e suas representações, as amigas também trocavam as mais comezinhas confidências. O encantador Mário de Andrade foi o motivo dessas amenidades.

Gabriela Mistral, poeta, diplomata e tradutora chilena, ganhadora do prêmio Nobel de Literatura de 1945, viveu uma intensa amizade com Henriqueta Lisboa, em muitos aspectos, semelhante àquela estabelecida com Cecília Meireles, irmãs em poesia. Além da sororidade própria das poetas, ressalta-se o aspecto formador de uma comunidade latino-americana na vanguarda das relações culturais entre os escritores da nossa América. Mistral realizou em Belo Horizonte uma importante conferência sobre a poesia infantil de Henriqueta Lisboa em 1943. O texto de Mistral utiliza o termo América crioula ao se referir ao tema da poesia para crianças e inscreve Henriqueta Lisboa nesse domínio quase ausente de nossas letras. Portanto, ler a poesia de Henriqueta Lisboa no âmbito da moderna literatura equivale a estender a ideia de uma comunidade latino-americana por vir. Mistral insiste nesse aspecto quando identifica a presença da ironia na poesia da amiga: "Henriqueta faz também ironia, quando quer. A ironia costuma ser como uva em agraço; não chega a desgostar e evita o fastio do racimo sazonado. Como lhe fica bem essa ironia àquela que é quase sempre terna!" (LISBOA, 2020a, p. 605). Nota-se a metáfora da uva na presente comparação da ironia na poesia de Henriqueta. A acidez própria da uva verde que deve ser colhida antes da maturação. Uvas colhidas maduras não resistem ao tempo. A maturação é um processo feito de cortes, é uma pós-colheita. Como a vida.

Em *Convívio poético* (1955), Henriqueta Lisboa nomeou Alfonsina Storni "musa argentina". A vida e a morte trágicas da poeta causaram-lhe impressão indelével na afeição de sua poesia. Henriqueta dedicou-lhe um breve ensaio, porém denso e revelador de sua relação com a poesia em estado bruto: "Denso de paixões humanas foi o drama de Alfonsina Storni, a musa argentina cuja obra, fulgurante e sombria, é um prenúncio de tempestade" (LISBOA, 1955, p. 181). A análise de seus poemas apresenta contribuições da crítica biográfica e, em alguns momentos, acusa também a influência de teorias positivistas que ainda encontravam eco nos estudos de literatura. Henriqueta alude a esses aspectos em que vida e obra se cruzam na análise de poesia: "A época, de reivindicações e inseguranças, contribuiu para o seu tumulto interior. A artista surgiu como uma fatalidade dos tempos, do sexo e, possivelmente, da raça em elaboração, procurando harmonizar, através da arte, os mais desencontrados sentimentos" (LISBOA, 1955, p. 182). Essa referência anacrônica não impediu, todavia, de se perceber na vida desesperada de Storni, um apelo ao impulso de amar: "A nada teme, de nada se acovarda. Chega à inesperada perfeição de escrever um dos mais doces poemas das letras hispano-americanas: 'Carta lírica a otra mujer', cúmulo de amorosa renúncia" (LISBOA, 1955, p. 183). Sororidade explícita contida no título do poema. A vida e a obra de Alfonsina Storni mereceram estudos mais atualizados. Entretanto, Henriqueta Lisboa captou vários aspectos de sua vida abordados na recente biografia. Coube à mineira antecipar aquilo que hoje se conhece mais de sua irmã argentina.

Em *Políticas da amizade*, Derrida aborda o tema da amizade em uma perspectiva por vir, qual seja a amizade como elemento de união em prol da humanidade. A fraternidade então abriria mão de sua ordem falocêntrica em prol de uma verdadeira democracia para toda a humanidade. O conceito de democracia, por sua vez, ainda está à espera de uma afirmação do direito à igualdade e da fraternidade para todos. A política em nossos dias se tornou uma palavra cujo significante parece ter se descolocado do seu significado. É signo uno cuja materialidade basta para se perceber que seu emprego não se aplica à ideia do comum. A política, assim como a palavra democracia não significam a mesma coisa para toda a humanidade. Daí a sua busca desde a antiguidade platônica. Política e democracia são conceitos culturais acima de tudo. Precisam ser colhidos para que se tenha uma partilha em comum. O texto de Derrida parece empurrar o ideal de uma política e de uma democracia fundadas no bem comum para o futuro inexistente. Entretanto, ao se pensar nessas questões no presente, o ideal permanece atual em cada homem e em cada mulher do momento presente. O homem e a mulher, *frater* e *soror*, combinados em um ideal de esperança.

A palavra política deve, nesse ideal, se redefinir e abandonar toda ideia de pragmatismo que ela enceta, toda ideia de utilitarismo igualmente difundida. Ora, o que restará então à palavra? Talvez nada. Todavia, o conceito deve abandonar toda ideia centrada no uno e se reorientar em busca do plural e da democracia.

Esse breve ensaio procurou ler Henriqueta Lisboa sob a perspectiva da amizade. Com Derrida, mas não somente com ele, com Mário de Andrade, Drummond, Guimarães Rosa, Cecília Meireles, Gabriela Mistral, Alfonsina Storni, dentre outros. Procurou também ler a amizade junto com Henriqueta. Por intermédio de seus ensaios, pode-se incluir a poeta no escopo da comunidade por vir em relação aos poetas do passado, notadamente Cruz e Sousa e Alphonsus de Guimaraens. Por outro lado, sua correspondência põe em evidência a política da amizade em seu sentido mais puro, qual seja o da união dos espíritos afins com o único objetivo de celebrar essa dádiva entre a comunidade de amigos. Os leitores do presente se sentem contemplados e representados nessa comunidade.

Referências

ANDRADE, Carlos Drummond de. "Memória". *In*: ANDRADE, Carlos Drummond. *Poesia e prosa*. Rio de Janeiro: Nova Aguilar, 1992.

ANDRADE, Mário de. "Eu sou trezentos...". *In*: ANDRADE, Mário de. *Poesias completas*. Edição crítica de Diléa Zanotto Manfio. Belo Horizonte: Villa Rica, 1993.

DERRIDA, Jacques. *Políticas da amizade*. Tradução de Fernando Bernardo. Porto: Campo das Letras, 2003.

LISBOA, Henriqueta. *Prosa*: obra completa, v. II. Organizada por Reinaldo Marques e Wander Melo Miranda. São Paulo: Peirópolis, 2020a.

LISBOA, Henriqueta. *Poesia traduzida*: obra completa, v. III. Organizada por Reinaldo Marques e Wander Melo Miranda. São Paulo: Peirópolis, 2020b.

LISBOA, Henriqueta. *Vivência poética*. Belo Horizonte: São Vicente, 1979.

LISBOA, Henriqueta. *Vigília poética*. Belo Horizonte: Imprensa Oficial, 1968.

LISBOA, Henriqueta. *Convívio poético*. Belo Horizonte: Imprensa Oficial, 1955.

RAMOS, Jorge. Henriqueta Lisboa, poeta da morte. *Diário de Minas*, Belo Horizonte, 22 jun. 1958.

RANCIÈRE, Jacques. *Políticas da escrita*. Tradução de Raquel Ramalhete *et al*. Rio de Janeiro: Ed. 34, 1995.

SOUZA, Eneida Maria de. *Correspondência – Mário de Andrade & Henriqueta Lisboa*. Organização, introdução e notas Eneida Maria de Souza. São Paulo: Peirópolis; Edusp, 2010.

O devir de um arquivo literário: entrevista com Reinaldo Marques

Agnes Rissardo

O primeiro contato de Reinaldo Marques com a obra de Henriqueta Lisboa foi em 1973, quando ainda era um estudante do curso de Letras. Ao se deparar, nas aulas de Teoria da Literatura, com o poema "Caixinha de música", de *O menino poeta* (1943), livro de poesia de Henriqueta dedicado ao público infantil, o jovem Reinaldo ficou arrebatado. Ele se encantaria com a inventividade da autora, que, por meio de um jogo rítmico, concede às palavras uma sonoridade musical surpreendente. Desde então, o professor da Faculdade de Letras da Universidade Federal de Minas Gerais vem se dedicando à leitura e ao estudo da obra henriquetiana. Entre os mais respeitados pesquisadores de arquivos literários do Brasil atualmente, Marques apresenta, nesta entrevista, o arquivo pessoal de Henriqueta Lisboa no Acervo de Escritores Mineiros (AEM) da UFMG, reflete sobre a reedição da obra completa (poesia, poesia traduzida e prosa) da escritora, reunida em três volumes organizados por ele e Wander Melo Miranda em 2020 para celebrar os 120 anos da poeta mineira, e constata: "Há muito ainda para se pesquisar no arquivo de Henriqueta Lisboa e as pesquisas constituem o devir do seu arquivo literário!"

O arquivo de Henriqueta Lisboa – composto de uma coleção bibliográfica, constituída por 4.630 livros e 3.101 periódicos, e uma coleção documental com 4.205 documentos, entre originais, cartas, fotografias, quadros e mobiliário – foi doado pela família da escritora à Universidade Federal de Minas Gerais (UFMG) em 1989. Como surgiu a ideia de montar o Acervo de Escritores Mineiros (AEM) com uma perspectiva museológica e cenográfica, a partir da chegada desses fundos documentais da poeta mineira?

Reinaldo Marques: De início, devo observar que, com a doação do arquivo pessoal de Henriqueta Lisboa, a Faculdade de Letras criou o Centro de Estudos Literários e Culturais (CELC) com os objetivos de manter, preservar e tratar os fundos documentais recebidos, assim como divulgar os acervos, promover e publicar pesquisas na área dos estudos literários, interagindo com centros de documentação literária de outras universidades. Logo após sua criação em 1989, foram doados ao CELC os arquivos de Murilo Rubião e Oswaldo França Júnior em 1991 e ainda algumas coleções especiais. Solidária, a Biblioteca Universitária da UFMG cedeu à Faculdade de Letras parte de seu espaço para abrigar o CELC, acolher e tratar os acervos doados. Em 2002, chegaram os arquivos de Abgar Renault e Cyro dos Anjos. Frente a esse crescimento dos acervos doados, a Faculdade de Letras solicitou e obteve recursos junto ao Fundo Nacional de Desenvolvimento Científico e Tecnológico do Ministério da Ciência, Tecnologia e Inovações para a construção de um espaço mais adequado para abrigar os arquivos literários sob a guarda da UFMG. Esse espaço foi construído no terceiro andar da Biblioteca Universitária, ocupando uma área de quase mil metros quadrados, e inaugurado em dezembro de 2003. Nessa ocasião, para elaborar o projeto do novo e atual espaço do AEM, foi contratado um escritório de arquitetura. No primeiro diálogo que mantivemos com a arquiteta Edwiges Leal, ela nos perguntou sobre o que havia mesmo no arquivo pessoal de um escritor. Em resposta, começamos a enumerar os diversos tipos documentais que o constituíam: livros, cartas, originais manuscritos e datiloscritos de seus livros, fotografias, documentos e objetos pessoais, coleções de obras de arte, mobiliário, máquina de escrever. Foi então que nos demos conta da heterogeneidade e variedade dos documentos e materiais constitutivos do arquivo pessoal de um escritor, de que ele é uma mescla de biblioteca, arquivo e museu. Diante disso, e como forma de dar maior visibilidade aos fundos documentais, a arquiteta nos propôs uma concepção cenográfica e museográfica para o espaço, capaz de manter a identidade do acervo de cada escritor.

Em termos arquitetônicos, o espaço foi pensado em três planos. No primeiro, são simulados os ambientes de trabalho dos escritores, com estantes de livros, mesa, máquina de escrever, objetos pessoais. Devidamente reconstituídos a partir de pesquisa junto aos familiares, nesses ambientes encontram-se também documentos raros expostos em vitrines, a exemplo de primeiras edições autografadas, cartas de escritores, fotografias. A individualidade de cada recinto, procurando destacar a personalidade do escritor, é realçada por meio de iluminação com jogo de cores, perfis e textos ilustrativos. Em vez de paredes de alvenaria, o uso de vidro à maneira de um aquário permite que usuários e visitantes possam ver e apreciar os ambientes mesmo sem entrar neles.

No segundo plano, encontram-se as galerias com exposições de pinturas, desenhos, fotos, pôsteres. Por fim, no terceiro plano, com acesso restrito, estão abrigados os acervos bibliográficos e os arquivos documentais de cada escritor. O espaço contém ainda reserva técnica, área de trabalho para higienização, tratamento e processamento documental e biblioteconômico, salas de diretoria e de reunião.

A meu ver, trata-se de concepção ousada, que contempla a natureza heterogênea dos materiais que compõem os acervos literários. Com isso, o espaço do Acervo de Escritores Mineiros configura-se como um espaço móvel e permanente de exposição, conseguindo enfocar, no plano geral, as singularidades de cada material. Abre aos visitantes e pesquisadores a possibilidade de cada um, com seus recortes e enquadramentos, constituir a sua própria trilha, o seu próprio texto, ao percorrer os diversos níveis espaciais. Dotado de múltiplas perspectivas e entradas, desvela o texto da memória literária e cultural em sua complexidade de sentidos, visível quer na seleção, quer na combinação, justaposição ou sobreposição de objetos heteróclitos. Dessa maneira, ao dar ao texto da memória cultural e literária do país um tal tratamento, a UFMG procurou dar continuidade a um projeto dos próprios escritores mineiros, que sempre cultivaram os gêneros memorialísticos e cuidaram de montar seus arquivos pessoais ao longo da vida. Todavia, pode-se dizer que se trata de concepção ideal, em luta com a exigência crescente de espaço por parte da memória literária e cultural, com o fato de que o trabalho com arquivos literários é verdadeiro *working in progress*. Hoje o Acervo de Escritores Mineiros já conta com cerca de dezoito acervos de escritores e escritoras e demanda uma reinvenção e reconstrução de seu espaço.

A organização e o estudo de arquivos literários têm se revelado um campo fecundo para a crítica e a teoria literária. De que maneira o estudo do acervo de Henriqueta Lisboa pode contribuir para a compreensão e o estudo crítico da obra da escritora?

Reinaldo Marques: Penso que pesquisas voltadas para a exploração dos fundos documentais do arquivo da Henriqueta podem contribuir significativamente para um melhor conhecimento dos bastidores de seu processo criativo e de escrita de sua obra. Ela era uma poeta crítica, estudiosa e rigorosa no seu fazer poético e crítico. Os pesquisadores interessados na obra da poeta de *Flor da morte* podem encontrar em seu arquivo muitos documentos relacionados à gênese de poemas e livros, a exemplo de originais manuscritos e datiloscritos, com potencial para a elaboração de bons trabalhos de crítica genética de sua obra. Há também material significativo para estudos de recepção crítica da obra da Henriqueta, visto que ela costumava reunir em pastas artigos que saíam em jornais e revistas sobre seus livros. Entendo ainda que Henriqueta merece um bom estudo biográfico e há documentos preciosos para sustentar esse empreendimento. Outro campo de estudos importante é o das correspondências. A correspondência recíproca com Mário de Andrade já está publicada em edição organizada por Eneida Maria de Souza (2010); também as cartas de Carlos Drummond de Andrade para ela, em edição da revista *Remate de Males* (2012) organizada por Constância Lima Duarte. Mas há ainda diálogos epistolares dela com vários outros escritores/as e críticos, a exemplo de Manuel Bandeira, Gabriela Mistral, Cecília Meireles, Antonio Candido e Edoardo Bizarri. Há muito ainda para se pesquisar no arquivo da Henriqueta Lisboa e as pesquisas constituem o devir do seu arquivo literário!

Uma das atrações mais instigantes do arquivo de Henriqueta Lisboa no AEM é a biblioteca da escritora. Tendo em mente a materialidade do arquivo, o que essas obras que pertenceram à Henriqueta podem revelar sobre a sua formação teórico-crítica e o seu processo criativo?

Reinaldo Marques: Henriqueta Lisboa compartilha com outros escritores mineiros um traço que julgo atávico neles: a pulsão do arquivo. Ela tem clara consciência de que, para se tornar escritora, é preciso arquivar, montar um arquivo pessoal. E, dentre as figuras do arquivo, a que mais diz respeito à formação do escritor é a da biblioteca, especialmente no mundo moderno em que predominam os arquivos analógicos, como os livros impressos em papel. Pertencentes em sua maioria a classes médias sobretudo urbanas, entre os/as escritores/as será o contato com a biblioteca familiar um elemento detonador daquela pulsão arquivística, a exemplo da biblioteca do pai de Henriqueta, que a municia, por exemplo, com volumes contendo traduções da *Divina comédia* de Dante, poeta de sua predileção. Ao longo da vida, Henriqueta cuidou zelosamente de montar sua biblioteca pessoal, constituída por cerca de 4.630 livros. Zelo fomentado pela consciência aguda de que é impossível tornar-se escritor, poeta, sem ter uma consciência histórica do passado, sem conhecer a tradição literária. Consciência forjada nos diálogos com Mário de Andrade e nas leituras de poetas-críticos como T. S. Eliot. O cuidado com a formação de sua biblioteca pessoal foi certamente incrementado devido ao fato de se tornar professora do magistério superior a partir de 1945, ministrando aulas inicialmente de literatura hispano-americana na Faculdade de Filosofia, Ciências e Letras Santa Maria, embrião da hoje Pontifícia Universidade Católica de Minas Gerais. Mais tarde, em 1951, passa a lecionar história da literatura na Escola de Biblioteconomia de Minas Gerais da Universidade Federal de Minas Gerais. Pode-se dizer então que a biblioteca de Henriqueta traduz um forte desejo de se manter sempre atualizada, em termos tanto poético-literários quanto do exercício crítico. O que a leva a enriquecer seu acervo bibliográfico com obras de diversos poetas e críticos literários não somente do Brasil, mas também da América Latina e da Europa. Como testemunho desse zelo de Henriqueta quanto a sua atualização crítica e poética, presenciei o espanto de muitos colegas pesquisadores argentinos e uruguaios em visita ao espaço do Acervo de Escritores Mineiros da UFMG, quando, ao compulsarem alguns livros de autores hispano-americanos presentes em sua biblioteca, deparavam com títulos muitas vezes raros entre eles, de difícil acesso.

Pesquisadores de arquivos literários costumam enfrentar o desafio da ambiguidade entre o público e o privado, esbarrando em impedimentos de herdeiros e leis de direito autoral – sobretudo quando a obra não se encontra ainda em domínio público –, não apenas quando desejam publicar o material encontrado nos acervos, mas também quando pretendem obter uma cópia (xerox ou digitalizada) para fins exclusivos de pesquisa. No caso do AEM, como se dão esses trâmites? O que é permitido e o que é

vedado aos pesquisadores em relação aos arquivos de Henriqueta Lisboa?

Reinaldo Marques: Penso que todo pesquisador que se vale de consulta a arquivos documentais de modo geral deve ler e conhecer tanto a Lei nº 8.159, de 8 de janeiro de 1995, que estabelece e regula o uso de arquivos, quanto a Lei nº 9.610, de 19 de fevereiro de 1998, que trata da questão dos direitos autorais. Normalmente vamos aos arquivos fazer pesquisa sem conhecer essas diretrizes que continuam sendo objeto de debates entre especialistas e no Congresso com vistas à sua atualização para os novos tempos, como no caso dos arquivos digitais hoje. As instituições que detêm a guarda de arquivos literários, por exemplo, estabelecem normas para o acesso e uso dos seus fundos documentais com base nessas diretrizes, como a de, em certos casos, exigir uma autorização dos herdeiros do escritor/a para acessarem os documentos em suas pesquisas. No caso do AEM, existem algumas orientações, como a de agendar as visitas, indicar o material a ser consultado. Importa esclarecer que a consulta aos documentos dos acervos pessoais dos escritores é feita somente no local, não havendo empréstimo. Mas cópias de documentos podem ser feitas e, nesse caso, os pesquisadores devem assinar um termo declarando que elas serão utilizadas unicamente para fins de pesquisa acadêmica, não implicando nenhuma forma de cessão de direitos autorais, de imagem e de quaisquer outros direitos que possam incidir sobre seu uso, visto que o Acervo de Escritores Mineiros não é detentor desses direitos. Pesquisadores/as interessados/as podem agendar visitas e consultas pelo site do AEM.

A edição da obra completa de Henriqueta Lisboa, empreendida por você e Wander Melo Miranda e lançada em 2020 pela editora Peirópolis, contempla um volume com toda a poesia publicada em livros pela escritora. Como foi o trabalho de compilação desses poemas e por que decidiram deixar de fora *Fogo-fátuo* (1925), primeiro livro de poesia de Henriqueta?

Reinaldo Marques: Em resposta a essa pergunta, seria oportuno relatar aqui como foi o processo do trabalho para a edição da obra completa da poeta. A ideia de se publicar toda a obra de Henriqueta Lisboa numa única edição foi acalentada ao longo de vários anos, desde a chegada de seu arquivo ao Acervo de Escritores Mineiros da UFMG em 1989. À medida que os pesquisadores iam trabalhando com a obra e os fundos documentais do acervo de Henriqueta, mais se tornava premente a necessidade dessa edição, visto que a falta dela prejudicava em muito uma avaliação mais precisa da obra, do lugar e papel de Henriqueta dentro da literatura brasileira. Especialmente tendo em vista que a sua prosa crítica, consolidada em quatro livros, estava há muitos anos fora de circulação. O que prejudicava sensivelmente o conhecimento de todo o pensamento teórico-crítico da poeta mineira. Ao organizarmos o volume *Henriqueta Lisboa: poesia traduzida*, publicado em 2001 pela Editora UFMG, tornou-se ainda mais patente a necessidade dessa edição. Conhecer melhor a atividade tradutória de Henriqueta demandava ler alguns de seus ensaios sobre os/as poetas traduzidos/as contidos em seus livros de prosa crítica.

Os trabalhos para sua concretização iniciaram-se por volta de 2003, sob a liderança de Abigail Lisboa de Oliveira

Carvalho, sobrinha de Henriqueta e responsável por seu espólio, que nos convidou para cuidar da organização da edição da obra completa. E transcorreram sem maiores dificuldades, para o que contribuiu certamente a compulsão arquivística de Henriqueta, que montou o seu arquivo pessoal de forma muito abrangente e criteriosa, mantendo-o bastante organizado. Como primeiro arquivo doado e propulsor da criação do Acervo de Escritores Mineiros da UFMG, seus fundos documentais já se encontram devidamente tratados e organizados, o que facilitou em muito nosso trabalho de consulta e pesquisa.

De início foram contratados os serviços de digitação em computador de todos os livros publicados da poeta. Em 2004, já estávamos avançando em termos do trabalho de revisão do material digitado. Todavia, com a doença e o falecimento da Abigail, ocorrido em abril de 2006, os trabalhos foram interrompidos. Depois de mais de doze anos, em 2018 fomos procurados pela direção da Editora Peirópolis para retomarmos os trabalhos e levarmos a cabo o projeto de edição da obra completa de Henriqueta Lisboa. Durante os anos de 2018 e 2019, nos dedicamos aos trabalhos de revisão da digitação já anteriormente feita, confrontando cada livro com originais e edições anteriores. Também providenciamos a elaboração de nota editorial e ensaio de apresentação da obra de Henriqueta, bem como de notas, cronologia, organização de uma seção de "Fortuna crítica" e de uma bibliografia básica de e sobre Henriqueta Lisboa, além de pesquisa iconográfica. Em julho de 2019, entregamos à Peirópolis todo o material para início da etapa do projeto editorial da obra de Henriqueta Lisboa. Sua publicação veio coroar um trabalho que se estendeu por muito tempo e que se finalizou graças ao empenho da editora e ao apoio fundamental do Acervo de Escritores Mineiros da UFMG.

Quanto à obra *Fogo fátuo*, ela reúne poemas marcados por temáticas mais juvenis, em que a poeta ensaiava seus primeiros passos, ainda titubeantes, no domínio do verso, da técnica poética. Em 1958, quando da publicação do volume *Lírica* pela Editora José Olympio, reunindo seus primeiros livros, Henriqueta já é uma poeta madura e com pleno domínio do ofício de poetar, além de extremamente exigente em termos da qualidade de sua poesia. Qualidade e exigência estimuladas pelo diálogo crítico estabelecido com Mário de Andrade, seu leitor e mentor, conforme nos mostra a correspondência entre eles já publicada. Pode-se atribuir ao rigor de Henriqueta quanto à altíssima qualidade de seu fazer poético o fato de ela ter excluído *Fogo fátuo* de sua obra. Um tal rigor levou-a também a expurgar inúmeros poemas de outros livros seus, tais como *Enternecimento*, *Velário*, *Prisioneira da noite*, *O menino poeta* e *A face lívida*. Como organizadores, tomamos a decisão de respeitar a vontade autoral da poeta, acatando as exclusões feitas por ela. Essa exclusão não traz prejuízo, a nosso ver, para a compreensão do percurso autoral de Henriqueta Lisboa. E o livro *Fogo fátuo* está disponível no "Conteúdo complementar" do site da Editora Peirópolis.

Ao lado de Lucia Miguel Pereira e Gilda de Mello e Souza, Henriqueta Lisboa foi uma das primeiras mulheres a exercerem com regularidade a crítica literária no Brasil, a partir da década de 1940. No entanto, apesar da acuidade dos textos publicados, os quatro livros de prosa teórico-crítica de Henriqueta, ao contrário de sua obra poética, tiveram apenas

uma edição antes desta reedição da editora Peirópolis. A que você atribui esse "apagamento" da Henriqueta crítica pela historiografia e como definiria o perfil dela como crítica literária?

Reinaldo Marques: A meu ver, esse "apagamento" pode ser explicado de modo um tanto especulativo, de um lado, pelo fato de os livros de prosa crítica terem tido apenas uma primeira edição, feita por editoras locais de Belo Horizonte, com baixa tiragem e divulgação e circulação muito limitadas. Por outro, isso pode ser atribuído também ao temperamento mais discreto e recatado de Henriqueta Lisboa, que "fez do silêncio e da sombra a sua morada", conforme diz num depoimento. Ao que se pode acrescentar sua vida mais restrita a Belo Horizonte, para onde havia se mudado em 1935 e onde encontra clima favorável para se dedicar à poesia. Ela faz movimento inverso ao de muitos escritores mineiros, que saem de Minas para desenvolverem sua carreira literária no Rio ou São Paulo; Henriqueta se mantém, de certa forma, à margem do eixo Rio-SP.

No que concerne ao perfil dela como crítica literária, julgo-a dotada de um senso crítico muito refinado, amparado num bom domínio de aspectos teóricos da escrita literária. Para tanto, haverá de contribuir seja a sua atividade como professora no magistério superior, como já assinalado em resposta a questão anterior, seja seu trabalho como tradutora de poesia. Sua atividade de professora, aliada à pesquisa, certamente estimulou nela tanto o interesse pela compreensão teórica e crítica da literatura quanto a busca por se manter atualizada em termos bibliográficos, conforme demonstram os ensaios do livro *Convívio poético*, publicado em 1955. A par disso, seu trabalho crítico é potencializado pelo mergulho na obra dos poetas e das poetas que passa a traduzir, do que dá testemunho a publicação já em 1969 de suas traduções do "Purgatório" de Dante, poeta de sua predileção, reunidas no volume *Cantos de Dante*.

Além dos volumes com a poesia e a prosa reunidas de Henriqueta, a coleção conta ainda com um volume inteiramente dedicado à poesia traduzida por ela. No texto de apresentação, você a define como uma "leitora e tradutora refinada de poesia". Qual a importância de se conhecer e estudar essa faceta da escritora? O que essas traduções revelam sobre a própria Henriqueta?

Reinaldo Marques: Entendo que o trabalho de tradução desenvolvido por Henriqueta é altamente formador da sua sensibilidade artística, potencializando sua atividade de crítica literária. Isso fica patente quando se leem seus ensaios sobre Dante, Gabriela Mistral, Alfonsina Storni, Jorge Guillén e Giuseppe Ungaretti. O ofício da tradução requer um convívio íntimo com a obra dos poetas traduzidos, exigindo atenção ao estilo, à técnica poética e aos modos de tematização do mundo próprios de cada autor/a. Convívio que reverbera na escrita poética de Henriqueta, tornando-a mais exigente em termos do apuro formal dos versos e do trato requintado com a língua. A par disso, contudo, ao abraçar com zelo a tarefa da tradução, Henriqueta se afirma como uma importante mediadora cultural, desvelando um traço relevante de sua atividade intelectual. Por meio do trabalho da tradução, a autora de *Pousada do ser* se coloca nas margens das línguas e culturas, rasurando fronteiras linguísticas e literárias, integrando diferentes mundos históricos, sociais e culturais. Em meados do século passado, Henriqueta já contribuía para a integração das literaturas do Cone Sul, criando uma rede de amizades e afinidades literárias como evidencia sua amizade com Gabriela Mistral e o diálogo com as obras de Alfonsina Storni, Delmira Agustini e Juana de Ibarbourou. O estudo desse papel de mediador cultural em Henriqueta Lisboa, particularmente como tradutora de poesia, constitui instância relevante para se pensar a questão das mediações enquanto lugares de produção dos valores estéticos e culturais, podendo nos ajudar a pensar novas cartografias do poder cultural no mundo contemporâneo. Para aqueles interessados numa melhor compreensão da tradução como forma de mediação cultural na poeta mineira, remeto à leitura do meu artigo "Henriqueta Lisboa: tradução e mediação cultural", publicado na revista *Scripta* (2004).

Referências

ACERVO DE ESCRITORES MINEIROS (AEM). Universidade Federal de Minas Gerais, Biblioteca Central; Faculdade de Letras. Disponível em: https://sites.letras.ufmg.br/aem/. Acesso em: 20 jan. 2024.

DUARTE, Constância Lima (org.). Correspondência de Carlos Drummond de Andrade e Henriqueta Lisboa. *Remate de Males*. Campinas, SP, v. 23, n. 2, p. 15-127, 2003. Disponível em: https://periodicos.sbu.unicamp.br/ojs/index.php/remate/article/view/8636083. Acesso em: 20 jan. 2024.

MARQUES, Reinaldo; MIRANDA, Wander Melo. *Henriqueta Lisboa*: obra completa. Poesia, poesia traduzida e prosa. 3v. São Paulo: Peirópolis, 2020.

MARQUES, Reinaldo. Henriqueta Lisboa: tradução e mediação cultural. *Scripta*, Belo Horizonte, v. 8, n. 15, p. 202-212, 2004. Disponível em: http://periodicos.pucminas.br/index.php/scripta/article/view/12580. Acesso em: 20 jan. 2024.

SOUZA, Eneida Maria (org.). *Correspondência*: Mário de Andrade e Henriqueta Lisboa. São Paulo: Edusp; Peirópolis, 2010.

UNIVERSIDADE FEDERAL DE MINAS GERAIS. Obra completa de Henriqueta Lisboa é lançada em box comemorativo. Entrevista com Reinaldo Marques. *Programa Universo Literário*, 11 jan. 2021. Disponível em: https://ufmg.br/comunicacao/noticias/obra-completa-de-henriqueta-lisboa-e-lancada-em-box-comemorativo-1. Acesso em: 20 jan. 2024.

Sobre os autores

Adriana Rodrigues Machado é doutora em Teoria da Literatura pela Pontifícia Universidade Católica do Rio Grande do Sul (PUCRS), mestre e licenciada em Letras pela Universidade Federal do Rio Grande do Sul (UFRGS). Realizou pesquisa de pós-doutorado na Universidade Federal de Minas Gerais (UFMG) com bolsa Pós-Doutorado Júnior (PDJ) do CNPq, dedicando-se ao acervo da poeta mineira Henriqueta Lisboa (1901-1985).

Agnes Rissardo é jornalista de formação e doutora em Literatura Brasileira pela Universidade Federal do Rio de Janeiro (UFRJ). Foi pesquisadora visitante do Centre de Recherches sur les Pays Lusophones (Crepal) da Université Sorbonne Nouvelle – Paris III (2012-2013) e do Programa Avançado de Cultura Contemporânea (PACC-UFRJ) (2014-2018). Desenvolveu a pesquisa "Formação da crítica de autoria feminina no Brasil: a produção ensaística de acadêmicas, poetas e ficcionistas sobre literatura", na Universidade do Estado do Rio de Janeiro (Uerj) (2019-2022), pelo Programa Nacional de Pós-Doutorado (PNPD/Capes). Atualmente, integra o grupo de pesquisa "Jornalismo e Literatura: possibilidades do encontro entre a palavra escrita e o real" (CNPq) e atua como jornalista na Diretoria de Comunicação Social (Comuns) da Uerj.

Ana Lúcia Maria de Souza Neves é doutora em Literatura Brasileira (2014) pela Universidade Federal da Paraíba (UFPB), mestre em Letras (2001) pela UFPB e licenciada plena em Letras pela Universidade Federal de Campina Grande (UFCG/UFPB). Atualmente é professora da Universidade Estadual da Paraíba (UEPB). Tem experiência na área de Letras, atuando principalmente nos seguintes temas: teoria literária, literatura de autoria feminina, literatura infanto-juvenil e literatura e ensino.

Marcia de Mesquita Araújo é doutora em Literatura Comparada pela Universidade Federal do Ceará (UFC). Integrante dos grupos de pesquisa "A disrupção da Metafísica Ocidental na Literatura Contemporânea" (UFC) e "Filhas de Avalon" (FECLESC/UECE). Professora-tutora da Universidade Federal do Ceará, no curso semipresencial de Letras-Português. Professora na Secretaria de Educação do Estado do Ceará, em que desenvolve projetos ligados à poesia. Autora da tese *Henriqueta Lisboa: teoria e prática de poesia pura* (UFC, 2013).

Marco Antonio Notaroberto da Silva é bacharel em Letras pela Universidade Federal do Estado do Rio de Janeiro (Unirio), mestre em Estudos de Literatura pela Universidade Federal Fluminense (UFF) e doutorando em Letras na Universidade do Estado do Rio de Janeiro (Uerj). Atua como pesquisador em Literatura Brasileira nos seguintes temas: o clima cultural legatário do simbolismo; a prosa na vertente introspectiva, ligada ao romance psicológico e proustiano (Clarice Lispector e Cornélio Penna); a poesia simbolista de Cruz e Sousa em perspectiva histórico-cultural.

Maria do Rosário Alves Pereira é doutora em Literatura Brasileira pela Universidade Federal de Minas Gerais (UFMG). Professora de Língua Portuguesa, Literatura Brasileira e Edição no Centro Federal de Educação Tecnológica de Minas Gerais (CEFET-MG). Atua no POSLING – CEFET-MG e no Programa de Pós-Graduação em Letras da Universidade Federal de Viçosa (UFV). Dedica-se, principalmente, a pesquisas sobre a literatura produzida por mulheres no Brasil, bem como suas interfaces com o campo editorial.

Marilda Ionta é doutora em História Cultural pela Universidade Estadual de Campinas (Unicamp), com pós-doutorado em História Contemporânea pela Universidade de Coimbra (Portugal). É professora titular aposentada da Universidade Federal de Viçosa (UFV) e pesquisadora na área de História, Cultura e Gênero. Trabalha com História do Brasil República com ênfase nos seguintes temas: feminismos, subjetividades, amizade, escrita epistolar e metodologias de ensino de História. É autora do livro *As cores da amizade: cartas de Anita Malfatti, Oneyda Alvarenga, Henriqueta Lisboa e Mário de Andrade, entre outros textos* (Annablume, 2007).

Reinaldo Marques é doutor em Literatura Comparada e professor da Faculdade de Letras da UFMG. Pesquisador do CNPq, integra a equipe de pesquisadores do Acervo de Escritores Mineiros da UFMG, tendo sido presidente da Associação Brasileira de Literatura Comparada no biênio 2000-2002. Publicou o livro *Arquivos literários: teorias, histórias, desafios* (2015) e participou como coautor do *Indicionário do contemporâneo* (2018).

Túlio César Vieira Alves é professor da rede pública de ensino de Belo Horizonte. Mestre em Literaturas de Língua Portuguesa pela Pontifícia Universidade Católica de Minas Gerais (PUC-Minas) (1996) e doutor em Letras, Teoria da Literatura e Literatura Comparada pela Universidade Federal de Minas Gerais (UFMG) (2019). Autor da tese *Reverberações, o diálogo entre a poesia o pensamento crítico de Henriqueta Lisboa: um olhar contemporâneo* (UFMG, 2019).

Livros da Coleção

"Cuidado, leitor" – Álvares de Azevedo. Organização: Andréa Sirihal Werkema, 2021.

"A catedral ebúrnea" – Alphonsus de Guimaraens. Organização: Francine Fernandes Weiss Ricieri, 2021.

"O meu canto é de sol" – Joaquim Cardozo. Organização: Elaine Cristina Cintra e Éverton Barbosa Correia, 2022.

"A mente ninguém pode escravizar" – Maria Firmina dos Reis. Organização: Anna Faedrich e Rafael Balseiro Zin, 2022.

"Sou poeta menor, perdoai"– Manuel Bandeira. Organização: Rafael Fava Belúzio, 2023.

"A ideia com a paixão" – Gonçalves Dias. Organização: Andréa Sirihal Werkema e Wilton José Marques, 2023.

"Tenho os olhos em cintilas" – Henriqueta Lisboa. Organização: Agnes Rissardo, 2024.

Alameda nas redes sociais:
Site: www.alamedaeditorial.com.br
Facebook.com/alamedaeditorial/
Twitter.com/editoraalameda
Instagram.com/editora_alameda/

Esta obra foi impressa em São Paulo no inverno de 2024. No texto foi utilizada a fonte Georgia em corpo 10 e entrelinha de 15 pontos.